高等教育体育专业通用教材

乒乓球

PINGPANGQIU

主　编：唐建军

副主编：岳海鹏　徐君伟

成　员：牛剑锋　赵喜迎　肖劲翔
屈子圆　肖　岩　周一鸣
佟　晖

北京体育大学出版社

策划编辑　佟　晖
责任编辑　佟　晖
责任校对　未　茗
版式设计　佟　晖　博文宏图

图书在版编目(CIP)数据

乒乓球/唐建军主编．－北京:北京体育大学出版社,2016.5(2022.1重印)
高等教育体育专业通用教材
ISBN 978－7－5644－2280－6

Ⅰ.①乒…　Ⅱ.①唐…　Ⅲ.①乒乓球运动－高等学校－教材　Ⅳ.①G846

中国版本图书馆CIP数据核字(2016)第110226号

乒乓球　　唐建军　主编

出版发行:北京体育大学出版社
地　　址:北京市海淀区农大南路1号院2号楼4层办公B－421
邮　　编:100084
网　　址:http://cbs.bsu.edu.cn
发 行 部:010－62989320
邮 购 部:北京体育大学出版社读者服务部010－62989432
印　　刷:北京昌联印刷有限公司
开　　本:710mm×1000mm　1/16
成品尺寸:240mm×170mm
印　　张:8.5
字　　数:142千字
版　　次:2016年5月第1版
印　　次:2022年1月第4次印刷
定　　价:22.00元

乒乓球基本技术

目 录

第四章　乒乓球教学

第五章　乒乓球比赛规则

第一章 乒乓球运动发展概述与基本理论

教学提示

1. 了解乒乓球运动的起源、在不同阶段的基本特征以及器材和规则对乒乓球技术发展的影响。

2. 了解乒乓球主导性打法发展特点，不同技术类型打法的演变过程。

3. 了解乒乓球技术的科学知识和经验知识。

乒乓球运动发展概述与基本理论包括两方面内容：一是总结乒乓球运动发展的历程；二是介绍乒乓球运动技术的基础理论知识。

第一节　乒乓球运动发展

乒乓球运动项目从19世纪80年代开始，到今天已经有了100多年的发展历史。在这个过程中，乒乓球运动从一种民间游戏活动演变为一种正式竞技项目，从区域性的竞技项目发展到全球性的竞技项目。在乒乓球运动发展过程中有两个因素始终起着重要作用：竞技制度和乒乓球技术的发展。乒乓球项目组织通过竞赛安排以及训练条件的提供，来引导和保证乒乓球运动技术的发展。

一、乒乓球运动起源

（一）乒乓球运动的游戏阶段

乒乓球作为一种游戏起源于英国，它是从网球运动派生出来的。在18世纪末、19世纪初，当时英国的一些大学生由网球得到启示，在室内以餐桌为球台，以书作球网，用羊皮纸贴面作拍子，用橡胶或软木作球，在餐桌上推来挡去，这种游戏吸引了许多人，英国一家杂志对此还作了报导。

当时球台大小和球网高低都没有统一规定。球拍的长度49.5厘米，类似小的网球拍。每局记分以10分、20分或50分为一局，还有以100分为一局的。发球的方法也没有太多限制，既可将球先击到本方台面后再落到对方台面，也可将球直接发到对方台面。后来游戏在英国流行起来，并被命名为“桌上网球（Table Tennis）”，此时，乒乓球运动的早期作为游戏是家庭娱乐活动之一。

1890年，英格兰越野跑运动员J·吉布从美国带来了一些作为玩具的赛璐珞球，由于这种球打起来发出“乒乓”的声音，于是有人称这项运动为“乒乓球”。

1902年留学英国的日本东京高等师范学校教授坪井玄道将乒乓球整套用具带回日本。

1904年上海四马路一家文具店的老板王道平从日本购进乒乓球器材带回上海，他为了推销这些器材，介绍了在日本看到的打乒乓球的情况，并亲自作了表演。从此中国就开始有了乒乓球活动。1916年上海的基督教青年会设有乒乓球活动房，一些学生开始参加乒乓球活动，随后这项活动逐渐在京、津、沪、穗等几大城市开展起来。

1905—1910 年间，乒乓球活动传入中欧的维也纳、布达佩斯；而后逐步扩展到北非的埃及等地。

乒乓球起源阶段的基本特征：一是乒乓球运动在器材和游戏方法上，有明显的网球运动项目的痕迹；二是作为体育运动在活动开展的水平上，还处在游戏水平的阶段。

（二）乒乓球运动成为竞技项目阶段

第一次世界大战结束后，在 1918 年，欧洲许多国家相继成立了乒乓球协会，因此，乒乓球的竞赛活动得以在各国之间开展。国家间乒乓球运动的比赛活动，不仅促进了乒乓球技术水平的提高，同时也为国际乒乓球组织的建立提供了一定的组织基础。

1926 年 1 月，在柏林国际乒乓球邀请赛期间，在德国人勒赫曼博士倡议下，由他和英国的伊沃·蒙塔古、乔治·罗斯、波佩，匈牙利人雅可比、密可罗维茨以及几个奥地利人，在柏林网球俱乐部召开了一次关于成立乒乓球国际组织的座谈会，会议决定成立临时国际乒联，并委托英国乒协举办第一届欧洲乒乓球锦标赛。

同年 12 月，在英国伦敦举行第一届欧洲乒乓球锦标赛期间，在伊沃·蒙塔古的母亲斯韦思林女士的图书馆，举行了第一次全体会议，通过了国际乒联章程，讨论和通过了乒乓球竞赛规则草案，推选英国乒协负责人伊沃·蒙塔古为国际乒联第一任主席。

参加 1926 年第一届欧洲乒乓球锦标赛的国家有德国、匈牙利、威尔士、英格兰、奥地利、瑞典、捷克斯洛伐克、印度和丹麦。因印度是亚洲国家，国际乒联将此次锦标赛更名为世界乒乓球锦标赛，以后每年举办一届。上述事实标志着乒乓球运动项目成为了正式的竞技项目。

1940—1946 年间，世界乒乓球锦标赛因第二次世界大战而中断。

1957 年第 24 届后改为每两年举办一届。

1980 年，创办了乒乓球运动的另一项世界大赛：世界杯乒乓球赛，比赛每年举办一届。

1988 年第 24 届汉城奥运会乒乓球正式成为奥运会比赛项目。

2000 年，世界乒乓球锦标赛的团体项目和个人项目分开举办。

中国乒乓球运动员第一次参加正式的国际性比赛是在 1927 年，当年的 8 月第 8 届远东运动会在上海举行，乒乓球被列为表演项目。参加这次乒乓球表演赛的只有中国和日本两个国家。1935 年在上海成立了中华全国乒乓球协进会。1949 年中华人民共和国成立后，在北京成立了中国乒乓球协会。

乒乓球成为正式竞技项目的基本特征是：国际乒乓球组织的成立和规则的制定；国际性赛事的出现。

二、乒乓球运动技术发展的阶段划分

乒乓球运动发展的阶段划分是在两个方面进行的。一是在技术层面上来认识，也以取得优异成绩的技术类型打法为标志，划分出乒乓球运动发展的不同历史阶段，讨论在不同阶段中乒乓球技术发展的特点；二是以器材和规则的变化为标志，在乒乓球运动发展过程中，着重讨论器材和规则对乒乓球技术发展的影响。在认识乒乓球运动发展的同时，可以看到乒乓球不同技术类型打法的历史演进过程。

（一）削球打法主导时期（1926—1951 年）

削球打法的下旋削球技术，是欧洲运动员在乒乓球运动发展史上的重要技术创新。所谓削球打法主导时期，是以削球运动员在这 25 年间所取得的比赛成绩为判定标准。造成这一客观事实除了削球技术发展的比较完善外，削球技术类型打法的竞技优势，还获得了器材方面有力支持，而竞赛规则的修改对削球打法没有产生根本性的影响。

这一时期削球打法的代表国家是匈牙利。

1. 比赛成绩

1926—1951 年，国际乒乓球联合会总共举办了 18 届世界乒乓球锦标赛，参加比赛的运动员都是欧洲运动员。在 25 年间欧洲运动员取得了 117 枚金牌（第 11 届女子单打决赛没有确定冠军）中的 109 枚（表 1–1）。在这一阶段中，削球打法成为优势打法，大部分的金牌都被匈牙利的削球运动员夺得。在 35 个男女单打金牌中，12 枚男子单打金牌和 7 枚女子单打金牌由削球运动员获得，占单打总金牌总数的 82.85%。

表 1－1　1926～1951 年间欧洲运动员在世界乒乓球锦标赛中所取得的成绩

国家	匈牙利	捷克	英国	奥地利	罗马尼亚	德国	波兰	苏格兰	美国	共计
金牌数	57.5	25.5	10	5	4.5	4	1.5	1	8	117

2. 削球打法与器材改进

削球打法的成功，除了精湛的技艺外，得益于1902年英国人库特发明的胶皮拍。胶皮拍的出现改变了使用木板拍以挡球技术为主的初级击球形式，加大了击球的摩擦力，提高了击球的旋转。胶皮拍与木板拍比较，使用上能攻能守，可以制造旋转。它为削球打法运动员在下旋球技术的稳定运用方面，以及适时进行反攻方面提供了适宜的条件。胶皮拍在进攻打法和削球打法的比较上，由于胶皮拍弹力比较弱，它能够充分地发挥下旋技术使用中控制性、稳定性和旋转性的特点。而进攻技术需要球拍提供力量方面的支持，胶皮拍还不能满足。另外，在1936年以前，比赛用的球比较软，使得在技术使用上易于进行削球而不适宜进攻。因此善于利用球拍性能和软球特点，使得削球打法的运动员获得了杰出的成绩。

3. 削球打法与竞赛规则

1936年第10届世界乒乓球锦标赛男团决赛，罗马尼亚和奥地利出场的三名运动员均为削球运动员。由于水平接近，比赛进行了3天，耗时31小时，结果5:4奥地利胜。男子单打决赛也是两个削球运动员，比赛消耗8小时没有决出胜负，最后裁判以掷币方式决定冠军归属。在男子单打半决赛中，两个削球运动员在1分的争夺中，耗时2个半小时。上述事例就是典型的削球打法“马拉松”式比赛，这严重影响了乒乓球运动的健康发展。

为了结束“马拉松”式的比赛，推动乒乓球运动的健康发展，1937年，国际乒乓球联合会代表大会的各会员国一致同意，决定对比赛器材和规则进行如下修改：

- 限制比赛时间。3局2胜制的比赛时间不得超过1小时；5局3胜制的比赛不得超过1.45小时。如果在此时间内没有结束比赛，则比分领先者为胜方。
- 改变球台的尺寸。球台宽由146.4厘米，加宽为152.5厘米；球网高度由17.3厘米，降为15.25厘米。
- 球由软球改为硬球。
- 通过规则和器材的变化，促进进攻技术的使用。

但这些规则的修改，基本上没有影响削球打法的技术优势。在第12~18届的世界乒乓球锦标赛中，男女单打金牌获得者基本还是削球打法运动员。

这个阶段，由于胶皮拍性能的充分使用和削球技术的出现，使乒乓球运动进入到一个讲究制造下旋转的时代。

（二）中远台单面长抽打法主导时期（1952—1959年）

中远台单面长抽打法，是日本在乒乓球运动发展史上的重要贡献。中远台单面长抽打法主导时期的判定依据，同样是该种打法在比赛中的成绩。造成这一客观事实除了日本运动员的勤奋努力外，中远台单面长抽打法的竞技优势，也获得了来自器材变革方面有力支持。

中远台单面长抽打法的代表国家是日本。

1. 比赛成绩

1952—1959 年，国际乒乓球联合会总共举办了 7 届世界乒乓球锦标赛。日本运动员取得了 49 枚金牌中的 24 枚，其中在 1959 年第 25 届比赛中获得 6 枚金牌，可以说这是日本乒乓球中远台长抽打法最辉煌的时期。

2. 中远台单面长抽打法与器材改进

中远台单面长抽打法的崛起，首先得益于 1951 奥地利人发明的海绵拍。海绵拍与胶皮拍比较，提高了进攻的速度和力量，这为克制用胶皮拍擅长制造的下旋削球打法，提供了器材上的有力支持。海绵拍的进攻性能和中远台单面长抽进攻技术，使得进攻打法的运动员逐步获得优异成绩。

1957 年日本人发明的正胶、反胶海绵拍，进一步提高了长抽进攻技术。海绵拍、海绵胶皮拍进攻速度和性能的充分使用及中远台单面长抽技术的出现，使乒乓球运动进入到一个讲究进攻速度及力量的时代。长抽进攻技术，为日本在 1959 年第 25 届世界乒乓球锦标赛上获得 6 项冠军，提供了有力的技术支持。而海绵胶皮拍潜在的能够制造旋转性能，也揭开了乒乓球运动运用强烈上旋进攻技术的序幕。

3. 中远台进攻打法与竞赛规则

在第 19 届世界乒乓球锦标赛中，日本运动员佐藤博治用一块 8 毫米的黄色软海绵，充分发挥了球拍击球速度快的特点，运用长抽进攻技术获得了男单冠军。同时，在国际乒坛上也引起了关于海绵问题的争论。由于海绵拍的进攻性能比较强，使欧洲削球打法难以获得比赛上的优势，因此，欧洲国家的一些乒坛人士呼吁禁止使用海绵拍。而赞成的一些人认为，在木板上覆盖海绵和胶皮，其道理是一样的，而且 50 年代初奥地利人使用海绵拍也没有遭到非议。时任国际乒联主席蒙塔古肯定了这一新工具对乒乓球技术发展的作用，使得海绵拍得以合法使用。这也意味着长抽进攻打法能够继续存在，日本队可以继续保持它的技术优势。

这个阶段，由于海绵拍和海绵胶皮拍的使用，使乒乓球运动进入到了追求速度的时期。

（三）近台快攻打法主导时期（1960—1969 年）

近台快攻打法，是中国在乒乓球运动发展史上的一项重要的技术创新。近台快攻打法对于速度的认识，一直影响着乒乓球技术发展的方向。近台快攻打法主导时期的判定依据，同样是该种打法在比赛中的成绩。中国近台快攻打法的产生，是对乒乓球实践规律不断总结的结果。近台快攻打法的竞技优势，也获得了来自器材方面有力支持。

近台快攻打法的代表国家是中国。

1. 比赛成绩

1960—1969 年，国际乒乓球联合会举办了 5 届世界乒乓球锦标赛。中国运动员参加了 1961—1966 年的 3 届比赛，夺得了 21 枚金牌中的 11 枚金牌。其中在 1965 年第 28 届比赛中获得 5 枚金牌。

2. 近台快攻打法与器材性能发挥

近台快攻打法的成功，除运动员的精湛技艺外，也是建立在正胶海绵拍提供的速度支持的基础上。中国乒乓球在总结战胜日本单面长抽打法和欧洲削球打法的经验基础上，形成了站位近台，以左推右攻和两面进攻为主的近台快攻打法。这种打法充分发挥了正胶海绵拍快速的特点。在进攻速度上比中远台长抽要快，在技术上比单面长抽技术要先进，同时也比较好地解决了反手位的技术（推挡和反手攻）。

3. 近台快攻打法与竞赛规则

1959 年，国际乒乓球联合会就构成球拍的材料、种类、海绵和颗粒胶皮厚度的规定，进行投票表决，结果是 72 票对 19 票，通过了关于球拍规定的规则，结束了长达 6 年的球拍之争，为乒乓球运动技术的发展提供保证。

虽然，此时的正反胶海绵拍在技术性能上已经取代了海绵拍。但是，规则上确定对球拍的要求，避免了一些非技术性的争论，有助于刚刚成熟起来的运用正胶海绵拍实施近台快攻技术打法的稳定发展。

当时对球拍的基本规定如下：

- 球拍的形状、大小和重量不限；
- 底板应平整、坚硬；
- 普通颗粒胶皮覆盖在底板上时，连同黏合剂其厚度不能超过 2 毫米；
- 海绵加颗粒胶覆盖在底板上时，连同黏合剂其厚度不能超过 4 毫米。

4. 不同技术打法的初步形成

海绵胶拍发明不久，1960 年弧圈球技术在日本产生了。由于中国队事先对弧圈球技术有了一定的了解，做了相应的训练准备，在1961年第26届世界乒乓球锦标赛上，有效地克制了日本队的弧圈球技术。

在一时期，中国运动员张燮林创新性地使用了长胶海绵拍，作为削球打法的球拍。由于长胶海绵拍特异的性能，使得削球打法在旋转变化上更加奇妙。长胶海绵拍削球打法，为中国队在第27届世界乒乓球锦标赛团体夺冠，立下汗马功劳。

在这个阶段，由于正胶海绵拍性能的充分使用和近台快攻打法的出现，使乒乓球运动进入到一个在近台的意义上讲究速度的时代。

(四) 弧圈球进攻打法兴起和新近台快攻打法创新时期（1970—1987年）

第31届世界乒乓球锦标赛中，19岁的瑞典运动员本格森一举夺得男单冠军，他在技术上把弧圈球技术和近台快攻进行了比较好的结合，形成了弧圈球结合快攻的打法，并显示出打法上的优势。在第32届世界乒乓球锦标赛中，瑞典又夺得了阔别欧洲20年之久的男子团体冠军。与此同时，在欧洲还出现了一批弧圈球进攻打法的优秀运动员，如匈牙利两面拉弧圈球打法的约尼尔、舒尔贝克等，约尼尔1975年获得了第33届世界乒乓球锦标赛男单冠军。1979年第35届世界乒乓球锦标赛中，匈牙利夺得了男子团体冠军。这些成绩标志着欧洲运动员采用弧圈球进攻打法，在技战术方面已经可以和中国的近台快攻相互抗衡。

在此阶段，中国近台快攻打法在保持原有技术特点基础上，又有新的发展，形成了新近台快攻打法。新近台快攻打法是指针对弧圈球技术，形成的一种具有新的近台快攻技术内容的打法。新快攻打法有两个发展方向：一是在传统正胶球拍近台快攻打法的基础上，提高处理回击弧圈球技术的能力。采用的主要新技术有：盖打、反带、推挤弧圈球技术；在处理下旋球方面，正手进攻技术要求既可打低球突击，也能用正胶拉小弧圈球。这一针对弧圈球技术所采用的新技术内容，在世界大赛中取得了很好的成绩。其中的主要代表人物是谢赛克、江加良和陈龙灿。

另一个发展方向，是在逐步认识弧圈球技术先进性的基础上，开始对传统正胶海绵拍的近台快攻打法进行合理地改造，即采用反胶海绵拍，学习弧圈球进攻技术，把正手的拉和打，与反手推挡结合起来，形成和完善了直拍用反胶海绵拍打近台快攻的打法。代表人物是郗恩庭、郭跃华、曹燕华。这一打法也取得了很好的成绩。由此，我们看到了在这个时期中，传统意义的近台快攻打法，随着世界乒乓球技术的发展，其内涵已经发生了新的变化。

弧圈球进攻打法的代表国家是瑞典和匈牙利；新近台快攻打法的代表国家是中国。

1. 比赛成绩

在这一阶段中，欧洲运动员凭借弧圈球技术水平，开始向中国及亚洲技术水平逼近，呈现上升的势头，但尚有差距。这点从以弧圈球进攻打法为代表的欧洲和以近台快攻打法为代表的中国的比赛成绩中可以反映出来。但在其间 9 届单打比赛的 18 枚金牌分布中，还可以看出在两种打法的发展方面，弧圈球进攻打法的成绩明显上升。(表 1–2)

表 1 –2　欧洲与中国、日韩朝比赛成绩及两种打法单打成绩对照表（1971—1987）

	中国	日韩朝	欧洲	共计
总金牌数（枚）	41. 5	8	13. 5	63
%	65. 87	12. 69	21. 42	100
弧圈打法单打金牌数	6	–	2	8
快攻打法单打金牌数	2	4	–	6
其他打法单打金牌数	4	–	–	4

2. 两种打法与器材变化

乒乓球拍在这一阶段，没有本质性的变化，主要使用的是正反胶海绵拍。但在球拍材料的选用上，出现了碳素纤维的使用。它在提高击球的速度力量的同时，又基本能够保证击球的稳定性。在加工过程的精细程度上，考虑到球拍性能与技术打法的结合，使球拍更加符合竞技乒乓球技术发展的需要。如中国 1960 年为不同打法设计的 032、016、08 型号的红双喜底板，651、652 等型号的正胶胶皮，为近台快攻技术提供了有力的支持。为了提高弧圈球技术的质量，6512 型号的反胶，以及天津橡胶研究所 1972 年研制的 729 型号的反胶胶皮，为中国弧圈球技术打法的发展做出了重要贡献。与此同时，世界各国的乒乓球拍生产，可以达到乒乓球技术对球拍性能上的要求。

3. 两种打法与竞赛规则

国际乒乓球联合会对不同性能球拍在比赛上的使用进行了限制。

1979 年，第 35 届国际乒乓球联合会代表大会规定：一场比赛第一次使用一个球拍前，若对方要求，应出示球拍的两面。

1982 年，规则规定：在比赛时，第一次使用一个球拍前，应允许对手或裁判员检查。

1983—1985 年，规则进一步规定：比赛开始时或比赛过程中，无论何时运动员需要更换球拍，都必须向对手和裁判员出示，并允许他们检查。

1986 年对击球拍面进行限制：规定必须用黏合有覆盖物的拍面击球。

上述规则规定，对弧圈球进攻打法和近台快攻打法在技术上没有产生影响。

4. 各种打法不断完善和发展

横拍采用两面不同性能胶皮，进行削攻结合的打法，再加上倒拍来改变正反手发球和削球在旋转上的变化，往往在比赛中成为奇兵。如梁戈亮、陆元盛、童玲等。

横拍采用两面不同性能胶皮的进攻打法，发挥倒拍正反手发球进行抢攻的威力，在乒乓球比赛中也成为奇兵，如蔡振华。

直拍采用两面不同性能胶皮，进行挡攻削结合的打法，其球拍反面可以进攻，这一打法将原来直拍削球打法又向前推进了一步。如葛新爱、王俊等。

直拍采用两面不同性能胶皮的进攻打法，通过倒板技术来变化球性，为进攻创造机会。如倪夏莲。

这个阶段，由于对反胶进攻性能的进一步认识，使得乒乓球技术进入了速度和旋转结合的时代。

（五）弧圈球进攻打法主导时期（1988 年—）

弧圈球进攻打法主导时期的标志性事件有两个：一是 1988 年的第 24 届奥运会乒乓球比赛上，中国优秀的直拍正胶近台快攻运动员江加良和陈龙灿，在单打比赛中先后失利；瑞典在第 40、41 和 42 届世界乒乓球锦标赛中，连续获得三届团体冠军和第 40、41 两届男单冠军；二是在世界乒乓球锦标赛和奥运会的单打冠军，都是弧圈球进攻打法的运动员。弧圈球进攻打法无疑成为了这个时期的统治性打法。这个时期世界各国的主体打法都趋向于弧圈球进攻打法，同时也保留了本国原有打法基本特点。

弧圈球进攻打法又分为：横拍弧圈球进攻打法，直拍弧圈球进攻打法；直拍横打弧圈球进攻打法。

1. 比赛成绩

从 20 世纪 80 年代末到 90 年代初，以瑞典为代表的欧洲弧圈球进攻打法，在世界重大比赛中（世界乒乓球锦标赛和奥运会），都取得了优异的成绩。中国队通过技术和打法上的不断学习创新，弧圈球技术质量有了明显提高，在 1995 年的第 43 届世界乒乓球锦标赛中重夺男子团体、男子单打冠军，继续保持着乒乓球强国的优势地位。在这个时期中，中国队整体成绩依然很好。

在乒乓球单打世界冠军和奥运会冠军中，弧圈球进攻打法占据绝大多数。（表1-3）

表 1-3　1989—2013 年不同国家不同打法在世锦赛和奥运会的单打成绩比较

	中国	瑞典	德国	韩国 朝鲜	法国	奥地利	新加坡	共计
金牌总数(枚)	100	8	2	6	1	1	1	119
%	84.03	6.72	1.68	5.04	0.48	0.84	0.84	100
弧圈打法金牌数	29	4	-	1	1	1	-	36
快攻打法金牌数	-	-	-	-	-	-	-	0
其他打法金牌数	-	-	-	-	-	-	-	0

2. 弧圈球打法与器材变化

在弧圈球进攻打法主导时期，乒乓球器材的变化受到两个方面的影响：一是弧圈球技术的影响；二是规则变化的影响。

弧圈球技术对乒乓球器材的影响，主要表现为提高球拍击打弧圈球的性能上。在底板方面，为了提高底板的弹力和稳定性，20 世纪 90 年代，日本蝴蝶（BUTTFERFLY）公司在推出碳素纤维材料后，又推出含有芳基纤维材料、芳基纤维/碳素纤维混织的底板。芳基纤维材料具有高弹减震和超轻重量的特性，使球拍在进攻和控制上获得了比较好的平衡，它与碳素纤维结合，突出了在一定控制性能上的进攻力量的发挥。在胶皮方面，729 系列胶皮为解决弧圈球进攻打法的技术难题，通过胶皮粒子结构的重新排序，使得胶皮也有软硬之分，可以胶皮的不同硬度来控制击球瞬间的吃球深度和弹性。如 729-40H 反胶胶皮的硬度高一些，适合前冲弧圈球；729-40S 的胶皮则软一些，更易于控制球，适合反手拉弧圈球。

规则变化对乒乓球器材的影响，主要表现在采用大球方面。大球时代对球拍提出了新的要求。如在底板生产中要考虑大球比原来重了 0.2 克，来球对底板的冲击力加大这一问题，解决方案是在底板中间加入比较刚性的碳素纤维，保证击球的速度和力量；针对大球变软，球体承受压强的能力有所下降问题，解决方案是在底板木层的双侧增加具有韧性与高弹力的纤维，保证击球时，底板能够发挥力量并均匀柔和作用于球体上；针对大球直径加大了 2 毫米，球体变大的问题，解决方案是用不同硬度层木和不同性能的纤维，按一定的顺序排列，优化底板的整体结构，从而扩大底板有效的击球范围等等（王吉生，2001）。

球拍在技术上的改进，为弧圈球进攻打法提供了有力的物质上的支持。

3. 弧圈球打法与竞赛规则修改

这一时期，乒乓球竞赛规则有了一些重大的变化，这种变化对乒乓球打法发展产生了直接影响。如 1992—1993 年规则规定：球拍两面颜色必须一面为鲜红色，一面为黑色。这一规定，就使得使用两面不同性能球拍进行倒板的打法，在技术发展上受到限制。相反这个规定为弧圈球进攻打法减少了技术发展上的一个障碍。

1998 年，国际乒乓球联合会通过了德国乒协关于“把球拍覆盖物正胶的几何图形中关于正胶胶粒的粒高和胶粒顶直径之比，从 1:3 改为 1:1.1”的提案，1999 年 6 月底开始实施。2000 年，国际乒乓球联合会规则规定比赛用球由原来的直径 38 毫米改为 40 毫米。有利于弧圈球打法在力量上优势的发挥，使得弧圈球打法中以力量为主的运动员技术得以充分发挥。2001 年 9 月 1 日，开始实行 11 分赛制。对于弧圈球进攻打法的影响，概括起来是：“四快一大”。即进入状态快，发球接发球转换快，比分变化快，比赛节奏快，精力消耗大。在弧圈球进攻主导时期，由于乒乓球技术的不断完善和器材技术水平的提高，乒乓球进入速度和旋转融合在一起的时代，即人们不再分开来看速度问题和旋转问题，从技术角度讲，速度和旋转呈现出一体化的趋向。

4. 各种打法的发展情况

不同性能球拍的进攻和防守打法，在这一阶段中也有所发展，并取得了优异的成绩。其代表人物是采用正手反胶和反手长胶进攻打法的邓亚萍，采用正手反胶和反手生胶快攻结合弧圈球打法的王涛，采用正手反胶和反手正胶削球打法的丁松。

三、乒乓球技术和打法的演进过程

乒乓球技术和打法的演进过程，大致可分为五个发展阶段，每个阶段都有其代表打法(表 1–4)。影响世界乒乓球技术打法演进主要有以下几个方面：

表 1－4　世界乒乓球不同技术和类型打法的演进过程

阶段（时间）	代表性打法	代表国家
第一阶段（1926—1951）	削球	匈牙利
第二阶段（1952—1959）	中远台单面长抽	日本
第三阶段（1960—1969）	近台快攻	中国
第四阶段（1970—1987）	近台快攻、快弧	中国、瑞典
第五阶段（1989—今）	正胶近台快攻、直拍横打、横拍弧圈球进攻	中国、法国、瑞典、德国比利时、白俄罗斯、克罗地亚
	横拍攻削结合与削攻结合	瑞典、韩国

（依吴焕群，2003 改制）

（一）制胜因素对不同技术和打法演进的影响

从世界乒乓球运动的发展来看，世界乒乓球技术和打法是依据技术的不断完善、不断成熟的过程而演进的，同时又是与乒乓球竞技制胜因素——速度、旋转、准确、力量、弧线及变化的科学组合密切相关的。

新技术的出现大幅度地提高了制胜因素的水平，对对手造成很大的不适应，从而取得了对抗中的主动权。如：近台快攻技术，提高了其制胜的核心因素——速度，从而促进了直板快攻打法的发展；欧洲弧圈“爆冲”技术的创新，是制胜因素旋转与速度科学组合的结果，从而使欧洲弧圈球打法的技术更加先进与完善。

由此可以看出，世界乒坛新技术新打法的产生与演进，受其制胜因素的制约，五大制胜因素既相互制约又相互依存，共同影响着世界乒乓球技术的发展。

（二）球拍创新对技术和打法演进的影响

纵观乒坛发展史，我们发现：世界乒坛历次重大的技术突破、打法的演进都与球拍有着密切的关系，如日本采用海绵拍开创的单面长抽技术打法，中国采用正胶海绵拍开创的近台快攻打法，这些都说明新球拍的发明与完善是世界乒乓球技术与打法演进的重要因素。

(三）规则变化对技术和打法演进的影响

世界乒乓球运动的发展，是以获胜为目的的。在乒乓球技术发展方面，运动员都在寻找乒乓球技术优势。在技术探索过程中，出现了具有过大优势的技术，如美国人发明的“那卡尔式”用持球手带出旋转的发球技术、合力发球技术、使用同一颜色不同性能胶皮倒板技术为基础的打法等等。这些技术或打法在规则中受到了明确的限制，导致了这些技术或打法的消失。

在世界乒乓球发展的过程中，各种打法通过适应与反适应，制约与反制约的激烈对抗与竞争不断演进。凡是顺应乒乓球技术发展，符合五大制胜因素内在规律，重视对球拍等改革与创新，就能赢得生存权，就能取得优异的成绩。这是乒乓球技术打法演进的基本规律，遵循者兴，违背者则衰。

第二节　乒乓球运动技术知识

乒乓球技术知识是指在乒乓球运动技术实践过程中，形成的有关乒乓球运动技术运用以及提高的系统化的认识。乒乓球技术知识有两个方面的来源，一是来源于用科学理论对运动技术进行的解释；二是来源于对乒乓球运动技术实践的经验总结，并且形成了一整套的关于乒乓球运动技术的专项性知识。

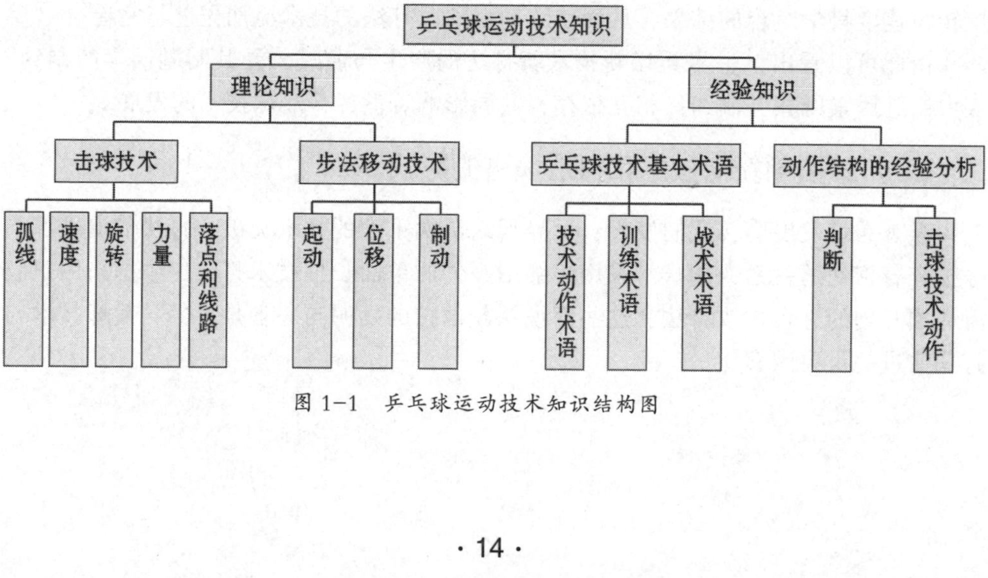

图 1-1　乒乓球运动技术知识结构图

一、击球技术的理论知识

乒乓球击球技术动作的运用，从击球的结果上讲，必须达到两个基本要求：一是根据规则的规定所击的球必须越过或绕过球网，落到对方的台面上，因此，球必须要有合适的弧线；二是打过去的球要有一定的质量，这就要求击球时必须有速度、力量、旋转和落点的变化。

从乒乓球教学训练角度讲，乒乓球击球技术质量的提高，不仅取决于实践经验，也取决于理论认识的程度。学习和研究击球的技术原理，分析球的运行弧线、速度、旋转、力量和落点这 5 个方面的要素，理解它们之间的相互关系，将有助于技术水平的提高。

在乒乓球训练和比赛中，在战术运用上：

1. 要把球打得快，就必须缩短击球时间，通过增加击球力量来缩短球在空中运行的时间，通过控制弧线来缩短击球的距离，从而来提高击球的速度。

2. 要把球打得准，就必须研究弧线的形成及其运行的特点，才能了解击球的命中率的道理。

3. 要把球打得狠，就必须研究怎样去增大击球的爆发力，只有懂得充分利用手臂和腰、腿的协调配合，才能了解击球的力量重要性。

4. 要把球打得转，就必须研究怎样去加强摩擦力，只有弄清球产生旋转的原因以及增强旋转的方法，才能有助于提高击球的旋转。

5. 要把球的落点打好，就必须研究怎样去扩大对方接球的范围，才能有效地调动对手，取得主动。

关于击球技术原理在乒乓球运动技术中的进一步认识，吴焕群（2003）认为：当用拍击球后，球就表现为一定的速度、旋转、力量和一条弧线、一个落点。每一板球都会带有这 5 个可以量化的物理要素，5 个要素属于物理学范畴，是客观的技术性概念，它们构成了一板球的技术质量，即竞技要素。当然，击球技术原理只是击球技术反映的基本规律，这个规律是由人来把握的。因此，出于制胜的考虑，产生出了“快、准、狠、转、变”主观的战术性概念，它们构成乒乓球运动中的制胜因素。竞技要素与制胜因素的组合，以及由此产生乒乓球打法类型及风格。不同的打法类型及风格，在比赛中，每一板击球以及若干板连续击球在技术质量上是有所不同的。上述对乒乓球击球原理在乒乓球技术发展上的进一步认识，内容的划分和关系的认识，反映了对击球技术原理认识的深化。

对击球技术原理与乒乓球运动技术发展关系认识的深入，无疑会使人们更加关注乒乓球击球技术原理问题。如果说，学习乒乓球技术动作是从练习开始的话，理解乒乓球技术的特征则是从了解击球技术原理开始。

(一) 关于击球的弧线

由于球网的关系，乒乓球运行的特点，主要是以一定的弧线形式表现出来。在乒乓球运动中，一般认为，击球所产生的弧线，是为了保证击球的命中率。另外，弧线的制造还与线路变化和节奏变化有关。

乒乓球的飞行弧线，主要由弧线曲度和打出距离两部分组成。弧线曲度是指弧线的最高点与台面所形成的高度（图 1–2)；打出距离是指击球点与落点之间的水平直线距离（图 1–3)。

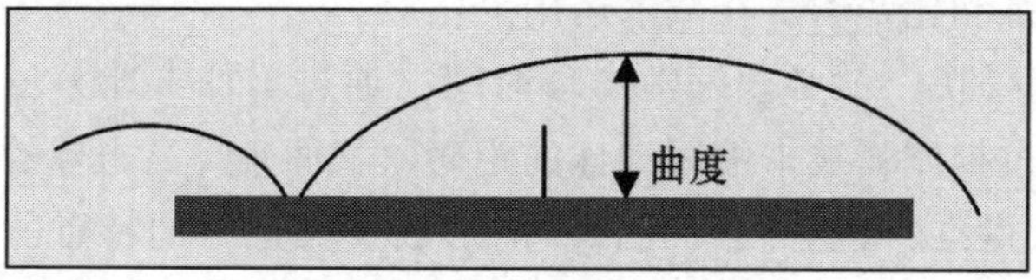

图 1-2 弧线曲度

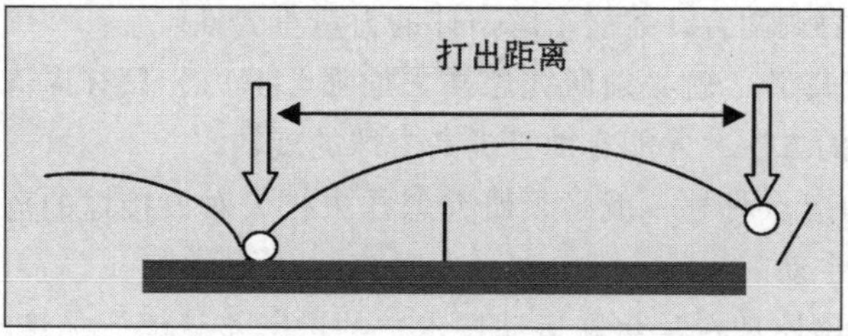

图 1-3 打出距离

乒乓球飞行弧线的产生，是乒乓球在飞行过程中，由于地心引力（使球逐渐下降）和空气的阻力作用造成的。飞行弧线的形状，即曲度的高低和打出距离的长短，受到球拍的用力方向、拍面角度变化、发力大小以及来球情况等影响而有所不同。

1. 用力方向对乒乓球飞行弧线的影响和技术使用方法

击球的用力方向，是指击球时球拍向哪个方向运动。它既可以向前方运动，也可以向前上方、前下方运动。击球用力方向不同，飞行弧线的曲度和打出距离也不同。根据弹道力学的实验证明，在真空中物体发射的角度，以 45 度射程为最远，大于 45 度或小于 45 度时，其射程将会逐渐缩短。但由于乒乓球很轻，空气的阻力对球影响很大，因而乒乓球的实际弧线与弹道抛物线是有区别的。尽管如此，这个道理对于我们了解飞行弧线的曲度与打出距离的相互关系来说，是很有意义的。

(1) 在来球比网高的情况下，如果我们在击球时，除向前用力外，还附加一定的向下用力（即向前下方用力），将会使飞行弧线的曲度适当降低，并把打出距离缩短，从而使球落到台上而不致出界。

(2) 在来球比网低，甚至比台面低的情况下，如果我们在击球时，除向前用力外，还附加一定的向上用力（即向前上方用力），将会使飞行弧线的曲度适当增高，并把打出距离相应缩短，从而使球落到台上而不致出界。（表 1–5）

表 1－5　通过变化球拍用力方向制造击球弧线的技术方法举例

来球情况	弧线曲度要求	用力方向	技术方法
高于球网	低	向前下	扣杀球；加力推挡；逼角削球等
低于球网	高	向前上	拉加转弧圈球；放高球

2. 拍面角度的变化对乒乓球飞行弧线的影响和技术使用方法

击球时，球拍触球的部位，主要是由拍面角度的变化决定的。球拍触球部位不同，飞行弧线的曲度和打出距离也不同。

在用力方向相同的情况下，如果拍面略前倾，拍面触球的中上部，将会使球飞行弧线的曲度降低，并使打出距离缩短。拍面的前倾角度越大，则使球弧线的曲度越低，打出的距离也越短。相反，如果拍面略后仰，拍面触球的中下部，将会使球飞行弧线的曲度增高，并使打出距离增长。拍面后仰的角度越大，则使球的弧线曲度越高，但打出距离却缩短。如果不改变球拍的用力方向，在拉比较转的下旋球下网时，球拍可以稍微后仰点，以增加击球的弧线曲度。在回击弧圈球时，拍面则应保持一定的前倾角度，使回球的曲度降低，避免球出界。（表 1–6）

表 1－6　通过变化球拍角度制造击球弧线的技术方法举例

来球情况	弧线曲度要求	球拍角度	技术方法
加转下旋球	高	略后仰	慢搓；拉加转弧圈球
弧圈球	低	前倾	快带（反撕）；快挤；反拉

3. 发力的大小对乒乓球飞行弧线的影响和技术使用方法

在用力方向（向前上方）相同的情况下，击球发力大，球速快，回球飞行弧线的曲度会相应高，打出距离也会增长；相反，击球发力小，球速慢，回球弧线的曲度则会相应降低，打出距离也会缩短。当来球离网较远，而且较低的情况下，利用增大击球力量（加快球速），使弧线的曲度适当增高，打出距离也适当增长，可保证击球既有一定的高度，又有一定的远度。当来球离网较近，而且比网低的情况下，利用减小击球的力量（减慢球速），使弧线的曲度适当降低（但必须保证过网的高度），打出距离也适当缩短，才不会使球出界。（表 1–7）

表 1 –7　通过变化发力制造击球弧线的技术方法举例

来球情况	弧线曲度要求	发力大小	技术方法
离网远且低	高	大	中远台拉球；远台削球
离网近且低	低	小	挑打；拉半台球；减力挡；搓台内球

4. 旋转对乒乓球飞行弧线的影响和技术使用方法

在乒乓球运动技术实践的过程中，旋转对乒乓球飞行弧线的影响有着重要意义。因为在每一板的击球中，乒乓球始终具有一定的速度和一定的旋转。根据流体力学流速越快，压力越小；流速越慢，压力越大的定律：当球带着上旋飞行时，同时带动球体周围的空气一起旋转，而且球体上沿旋转着的气流受到迎面空气的阻力，因而降低流速；而球体下沿的气流与迎面空气阻力方向相同，因而加快了流速。结果是，上旋球的上沿空气压强大，下沿的压强小。（图 1–4）

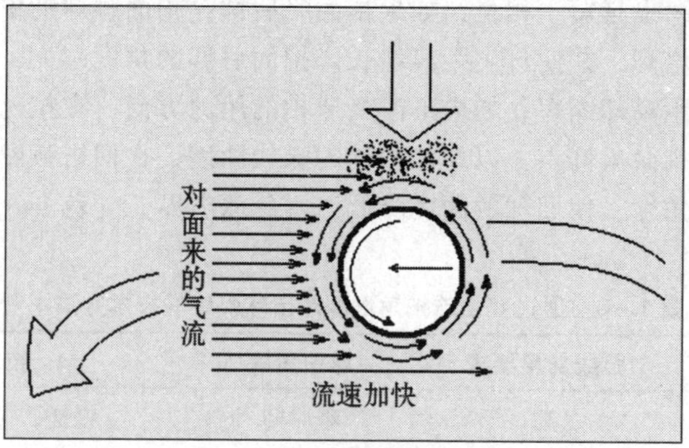

图 1–4　空气对旋转球的影响

又由于球体上、下沿的面积相等，因此，在相同条件下，上旋球的飞行弧线比不转球的飞行弧线要低，要短。飞行中下旋球的情况，与上旋球正好相反。球体上沿的空气流速快，压强小；下沿的空气流速慢，压强大，于是，空气给球体一个浮举力。因此，在等同条件下，下旋球比不转球的弧线要高、要长。（表 1–8）

表 1 –8　通过变化旋转制造击球弧线的技术方法举例

来球情况	弧线曲度要求	旋转性质	技术方法
离网远且低	高	上旋回击	拉弧圈球
离网近且低	较高	上旋回击	挑打；拉半台球
离网远且低	高	下旋回击	削球
离网近且低	较高	下旋回击	搓球

同样的道理，飞行的左侧旋，由于左侧压强大，右侧的压强小，因此，球的飞行弧线就向右拐。右侧旋则相反，球的飞行弧线是向左拐。（图 1–5）

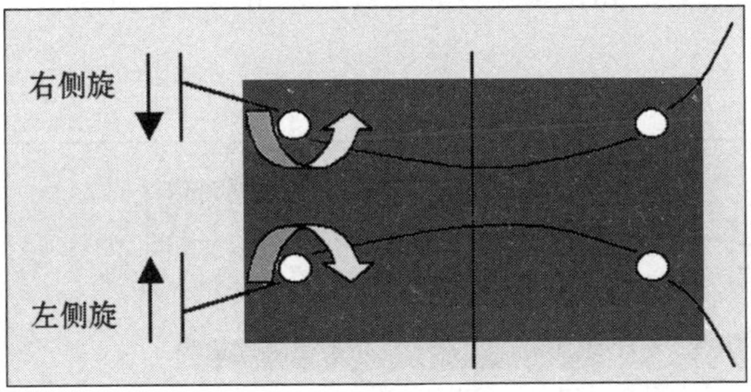

图 1–5　左右侧旋球的飞行轨迹

通过以上的各种分析可以看到，击球时球飞行弧线的轨迹及其变化相当复杂。练习者不仅要根据来球距网的远近、弹起的高低、旋转的性能、以及回击时间的不同来确定自己的回击方法，而且，在回击时还要注意用力方向，拍面角度变化、发力大小，以及旋转性能等方面对飞行弧线的影响。只有尽可能使主观情况（回击方法）符合于客观要求（来球情况），制造合适的飞行弧线，才能使球回得准确。

（二）关于击球的速度

乒乓球竞技的主要特点之一，就是“快”。在乒乓球竞赛的历史中，速度是获得比赛胜利的重要因素，因此，提高速度也成为技术创新和发展的关键性问题。

1. 击球速度的分析

运动物体所通过的路程和通过这段路程所用的时间之比，称为物体运动的速度。速度的快慢与时间和距离有密切关系。根据 V=S/t 这个公式（速度=距离/时间）得知：在时间不变的情况下（即在相同时间内），物体向前运动所通过的距离越长，其速度就越快，反之则慢。在距离不变的情况下（即在相同距离内），物体向前运动所需的时间越短，其速度也越快，反之则慢。因此，乒乓球击球速度的快慢由两方面的因素来决定：

（1）还击来球所需的时间

这段时间是指来球从本方球台跳起，至运动员回球时球拍触球的一瞬间止。在回击球时，这段时间的长短，决定回击球速度的快慢（图 1–6）。在力量同等的情况下，在上升前期击球，回击球速度快于高点期击球，高点期击球快于下降后期击球。

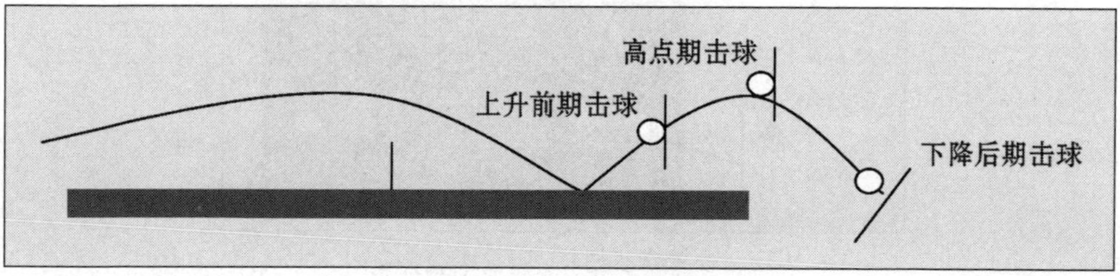

图 1–6　击球时间对击球速度的影响

（2）击球后球在空中飞行的时间

这段时间是从球离拍的一瞬间起，至球落到对方台面的一瞬间止。在打出距离相等的情况下，运动员挥拍击球时爆发力强，则球在空中飞行的时间就会短些，反之则会长些。

为了提高击球的速度，在击球时，一方面是尽可能缩短还击来球所需的时间，另一方面是尽可能缩短球在空中飞行的时间。因此，在击球时应适当提早击球时间，尽可能减小回球弧线的曲度和缩短打出距离，而且还应增大击球力量。

2. 提高击球速度的技术要素和方法

(1) 对提高击球速度的认识和研究

在乒乓球的教学和训练中，击球时的挥拍速度是决定击球速度的关键因素，也是教学训练的重点。阮国壁（2000）通过乒乓球的飞出距离来推算挥拍速度，这一研究从击球的挥拍速度的角度支持了乒乓球运动中，球速的快慢与时间和距离有密切关系的解释，并认为乒乓球运动员扣杀球时，挥拍速度决定着球的飞出距离。(图 1–7)

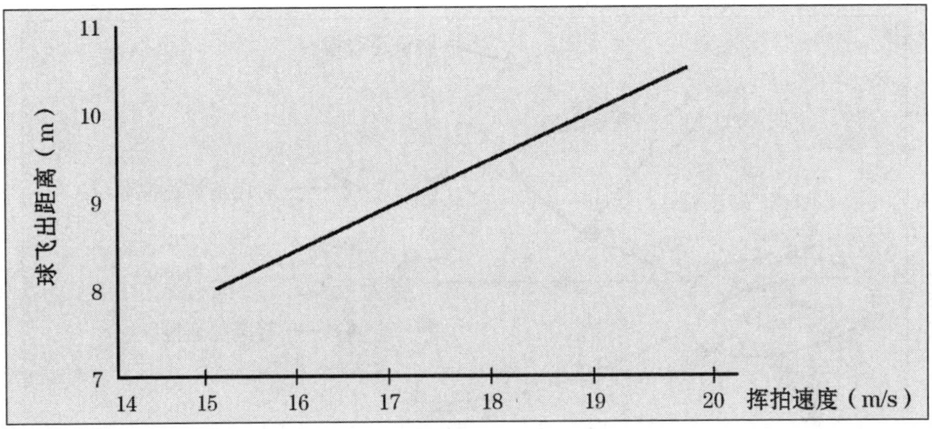

图 1–7　男子挥拍速度与球飞行距离的关系

日本学者西田熏（2001）在如何提高挥拍速度上，提出了球拍加速三级推进的观点，即球拍达到最快速度的过程是一个由身体三个部分逐级加速的过程（图 1–8）。并认为这个过程就是一种鞭打式的动作（图 1–9）。

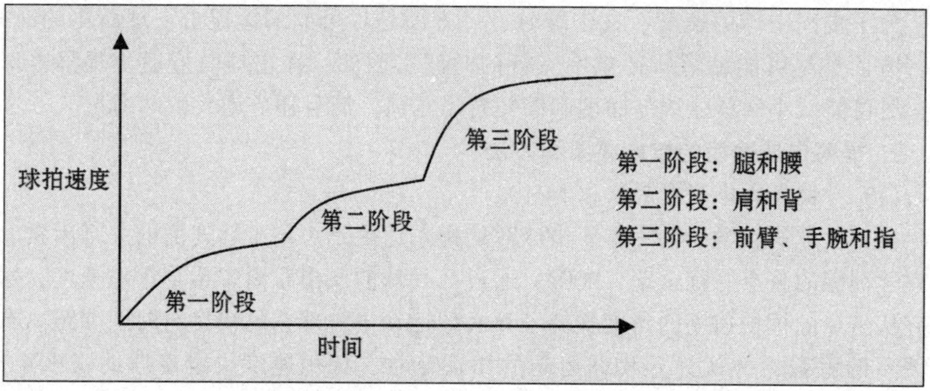

图 1-8　球拍加速的过程示意图（依西田熏，2001）

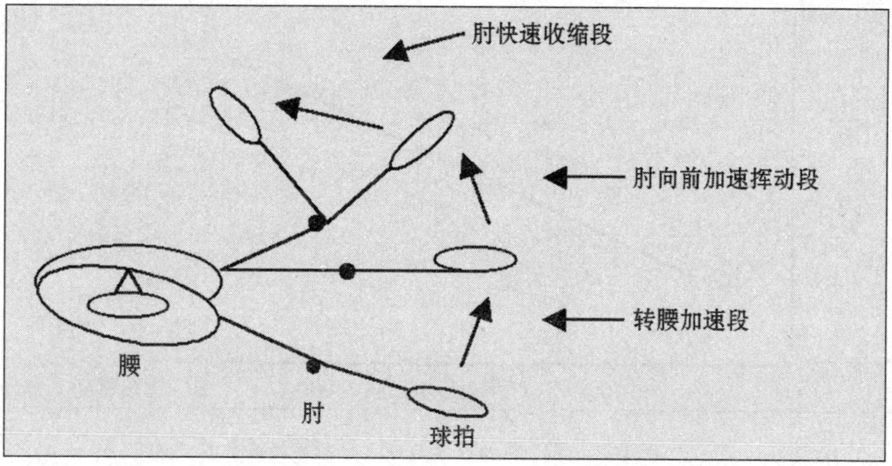

图 1-9　加速挥拍用力模拟示意图

(2) 提高击球速度的技术要素和技术方法

提高乒乓球击球速度的技术要素包括 7 个方面。在一般情况下，人们在击球速度问题上，更为关注的是球拍的挥动速度。当然，球拍的挥动速度作为全身性击球动作的结果，其作用的确重要。但是，其他要素在提高击球速度上的作用，也不能忽视。（表 1–9）

表 1 –9　提高击球速度的技术动作要素和技术动作方法一览表

技术动作要素	技术动作方法
1. 选位	在可能的情况下，靠近球台。
2. 引拍	引拍的距离尽可能小。
3. 击球时间	在上升期以前击球。
4. 触球时加速	在击球瞬间时的挥拍速度应最快。
5. 击球力量	善于利用全身的力量来帮助肩、臂以及手腕的发力。
6. 击球部位	在保证有合理弧线的情况下，尽可能使击球的作用力线靠近球心。
7. 弧线控制	尽可能向前发力，压低弧线，以利使球获得较大的前进速度。

(三) 关于击球的旋转

乒乓球旋转的意义在于，不仅要通过球的旋转及其变化来得分，而且，还要通过球的旋转来提高球的速度，以及在更快速度和更大力量击球条件下的准确性。因此，乒乓球的旋转一直是人们关注的重点。只有了解乒乓球旋转产生的原因以及各种旋转球的变化规律，才能更有效地提高运用和控制各种旋转球的能力。

1. 乒乓球旋转的成因

(1) 乒乓球旋转成因的解释

①击球时，如果力的作用线（F）绝对通过球心（O），球只能具有一定的前进速度，而不带有任何旋转。（图 1–10）

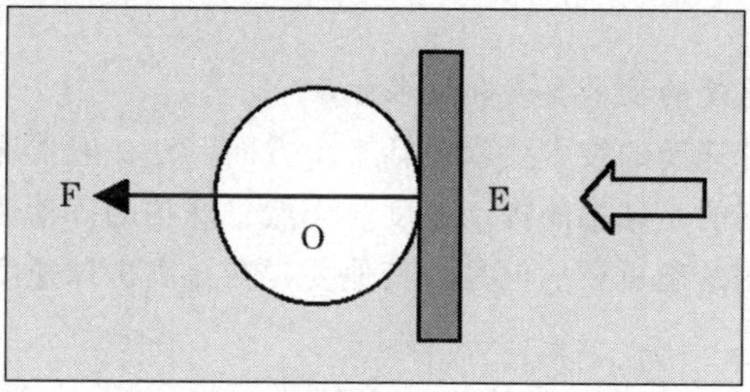

图 1-10　力的作用线通过球心

②如果击球时力的作用线（F）不通过球心，而与球心有一定的垂直距离，这个垂直距离（L）叫作力臂。由于力臂的产生，使作用力（F）分解为垂直于拍面的分力（f）和平行于拍面的分力（s），前者使球平动，后者使球转动。（图 1-11）

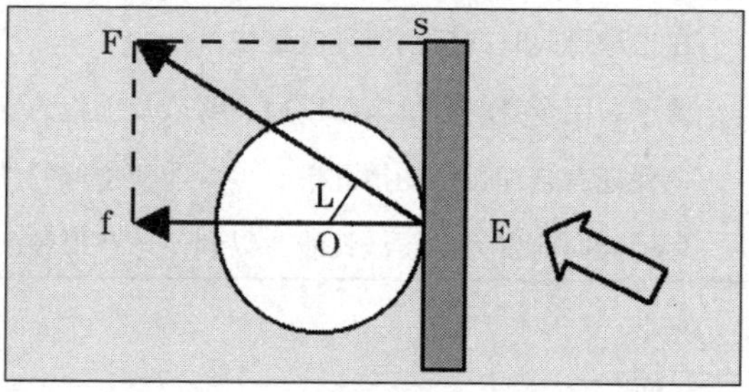

图 1-11　力的作用线不通过球心

③击球时，球拍撞击在球上，造成垂直于拍面的力就是前进力，平行于拍面的力就是摩擦力，而摩擦力正是使球产生旋转的基本原因。

（2）决定乒乓球旋转强弱的因素

①在同等击球力量的条件下，力臂越大，摩擦力也越大，旋转就越强；反之则越弱。摩擦力的大小，与击球时挥拍的用力方向有很大关系。力的作用线越是远离球心，力臂就越大，球的摩擦力越会相对增强，前进速度越会相对减慢；力的作用线越接近球心，力臂就越小，球的摩擦力越会相对减小，前进速度越会相对加快。

②在具有相同力臂的条件下，击球力量越大，旋转也越强，反之越弱。击球力量的大小，决定着挥拍速度，挥拍速度越快，尤其是击球瞬间的速度越快，球拍对于球的摩擦作用也越强；反之则越弱。

③球拍的粘性越好，摩擦力也越大，因而旋转也越强，反之则越弱。正贴海绵拍和生胶海绵拍，由于球拍的软胶体的变形，使球拍和球的接触时间增长，因而使球拍对于球的摩擦作用得到增强，反贴海绵拍由于表面柔软，粘性较好，不仅能使拍与球的摩擦力增大，而且还能使拍与球相互作用的时间适当增长，从而更有利于增强球的旋转。

④用球拍的不同部位击球，对球的旋转也有一定的影响。在球拍的挥拍速度一定时，用靠近球面的上部触球，则半径小，触球点的线速度也小；反之，用靠近球面的下部触球，则半径大，触球点的线速度也大。因此，在打加转球时应尽量用比较靠近拍头的部位击球。（图 1–12）

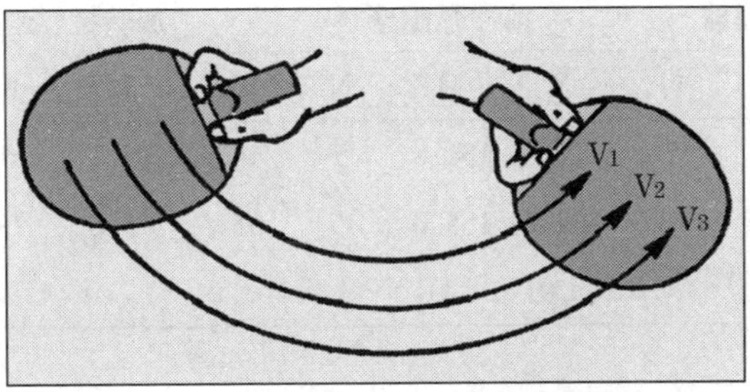

图 1–12 球拍不同部位击球的线速度不同

2. 关于旋转的实验研究

1987 年，吴焕群等人对中国乒乓球队和青年队各 12 名运动员（各包括横拍弧圈球 6 人，直拍弧圈球 2 人，直拍快攻 3 人，横拍削球 1 人）进行了若干技术项目的测试和研究（表1–10、表 1–11）。张晓篷等（1995）进行了不同厚度的海绵胶皮拍对拉球旋转影响的机械实验研究。（表 1–12）

表 1－10　国家队运动员 7 种不同技术动作运用对球旋转的影响（单位：转速/秒）

	X	M	S	N
1. 加转弧圈球	128.4	143.5	7.6	12
2. 前冲弧圈球	134.9	151.3	8.4	12
3. 加转搓	55.6	74.4	7.6	12
4. 打下旋球	65.5	84.8	9.0	12
5. 一般削弧圈球	64.0	81.1	9.2	1
6. 加转削弧圈球	103.0	120.7	11.3	1
7. 长胶削弧圈球	73.1	82.7	5.1	1

（依吴焕群，1987）

表 1－11　国家队和青年队运动员反胶和正胶 4 项技术的转速比较（单位：转速/秒）

	加转弧圈球			前冲弧圈球			加转搓			正手下旋发球		
	X	M	N	X	M	N	X	M	N	X	M	N
正胶	112.1	129.6	5	121.6	136.8	6	44.9	65.9	6	38.6	51.7	3
反胶	131.9	148.6	18	137.2	155.0	17	55.6	75.0	18	52.8	74.3	3
P	<.01	<.01		<.01	<.01		<.01	<.01		<.01	<.05	

（依吴焕群等，1987）

表 1－12　不同厚度海绵胶皮拍拉球旋转的比较

	胶皮厚度（mm）	海绵厚度（mm）	胶皮海绵厚度（mm）	海绵硬度	转速（X）（转/秒）	S	N	T	P
反胶 A	1.82	2.1	3.92	48	107.4	6.4	153	9.5	<.01
反胶 B	1.75	1.3	3.05	50	99.2	7.0	104		
正胶 A	1.22	2.1	3.32	40	91.1	6.7	149	6.4	<.01
正胶 B	1.3	1.5	2.8	35	86.2	6.2	137		

（依张晓蓬等，1995）

测试研究的结论是：

(1) 在弧圈球的旋转上，高吊弧圈球的旋转小于前冲弧圈球的旋转；

(2) 打下旋球的旋转明显小于拉弧圈球的旋转；

(3) 发球的旋转小于加转搓球的旋转；

(4) 反胶摩擦球的旋转大于正胶摩擦球的旋转；

(5) 反胶削球的旋转大于长胶削球的旋转；

(6) 削球的旋转小于拉弧圈球的旋转；

(7) 海绵厚度在拉球的旋转上，海绵厚度厚的大于海绵厚度薄的。

西田熏（2000）在研究弧圈球的速度和旋转关系时认为，在球落台后，如果球的旋转转速大，球飞行的速度就快。如果球的旋转转速为 20 转/秒，在球落台反弹后的飞行距离约1.6 米，球在空中的滞空时间为 0.72 秒，如果球的旋转转速为 130 转/秒，在球落台反弹后的飞行距离约 3.5 米，球在空中的滞空时间为 0.54 秒，球的旋转转速高，使得反弹的高度降低、速度加快（图 1–13）。这项研究表明，球的旋转程度和球的速度密切相关。球的旋转和击球方式以及用力大小也是密切相关的。

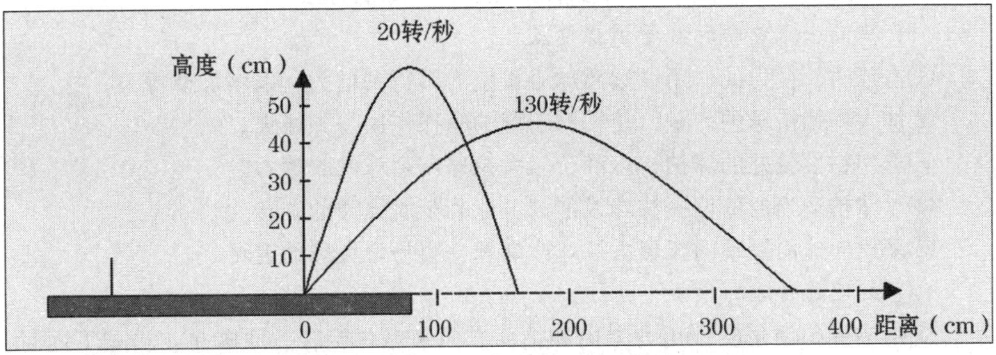

图 1–13　球的速度、旋转与球的飞行距离示意图

关于乒乓球旋转和速度的关系，韩同康（1994）通过对乒乓球动态特性进行运动学和动力学研究后，提出了广义的旋转与速度相对原理，即球的旋转与速度的相对关系取决于点动座标系中该角度位置的合成速度的大小和斜率。通过对多年积累的大量测试资料的统计，给出了乒乓球主要技术的旋转和速度范围的统计值（平均值）。（表 1–13）

表1－13　各种球型技术转速、速度范围测试表

技术名称	转速范围(S/C)	速度范围(M/S)
1. 高吊弧圈球	90～160	9～12.5
2. 前冲弧圈球	100～160	14～19
3. 攻球	25～65	13～16
4. 扣球	30～80	16～19
5. 打突击球	25～90	16～20
6. 下旋球	40～85	7～9
7. 加转下旋球	90～120	7.5～10
8. 近网侧下旋发球	40～60	3～5
9. 大角度侧上旋急长球发球	60～80	13～15

（依韩同康,1994）

3. 提高击球旋转的教学训练要点和处理旋转球的方法

（1）提高击球旋转的教学训练要点

①击球时，使力的作用线远离球心，使力臂得到增大，以增加摩擦力。

②加大挥拍击球的力量，使拍对于球的摩擦作用得到增强。

③选用粘性较好的球拍，以利于增大拉球或削球的摩擦力。

④以球拍适当的部位去拉球或削球，以利于增强球的旋转。

⑤采用向球内摆动的弧形去拉球或削球，容易增大球的旋转。

（2）处理旋转球的方法

①用改变拍面角度、用力方向和拍面方向来对付旋转。原则是：击球下网时，可以使拍面角度后仰一些，用力方向向上一些；击球出界时，做法相反。球从球台侧出界时，可以调整拍面方向。例如：用攻球对付上旋来球，拍面应前倾些，向前发力多些；对付下旋来球时，球拍拍面应比对付上旋球前倾角度小些或稍后仰，向上发力多些。用推挡回接对方发至反手位的左侧上旋球时，拍面方向应偏左一些，拍面角度应前倾些。

②用力量对付旋转。当对方来球过高，与台面有直射线时，可做近似直线的扣杀。由于大力扣杀，其力量大大超过来球，可削弱来球的旋转作用力，在回击低球时主动发力越大，也能使来球旋转作用相对减弱。因此，在训练中应抓住提高运动

员的挥拍速度和击球爆发力这一重要环节，而不要过多借力。

③以转制转，以不转制转。第一，可以顺着来球旋转击球。采用这种方法击球，可以借用来球的旋转力，提高自己回球的旋转强度。例如，以拉对削或以削对拉。这种方法，对于使用粘性较小的球拍的运动员效果更好。因为顺着来球旋转击球时，可以减少球在拍面滚动作用，可以少吃转。这时，一般应采取加大摆速以克服旋转为主，而适当配合调整拍面和发力方向。第二，逆着来球旋转击球。例如对攻、对拉、对搓等。使用这种方法击球，主要靠自己发力，对于使用粘性较大球拍的运动员效果更好，但由于逆着来球旋转击球时，拍与球之间切向相对速度显著增大，使球在拍面的滚动作用大大加强，易反吃转，所以，应特别注意调整拍面和发力方向。第三，采用避转法击球。无论任何种类的旋转球，越靠近旋转轴的部位其旋转越弱（即转速越慢），越远离旋转轴的部位其旋转越强烈（即转速越快）。根据这一道理，在必要的情况下，可用改变击球部位的方法来避开强转区，减少“吃转”（图 1–14）。例如，用推侧旋（推挤）的方法来回击弧圈球或搓球。

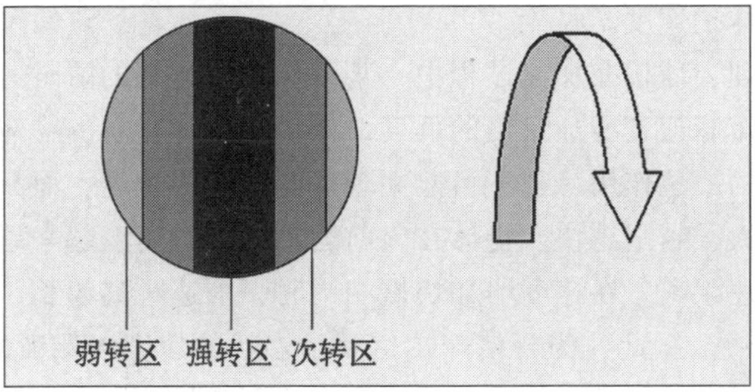

图 1–14　球体不同区域的旋转强度示意图

（四）关于击球力量

击球力量在提高击球速度、制造和克服旋转、加大击球的威力方面有着重要作用。击球力量的大小主要取决于击球时挥拍加速度的大小。要想加大挥拍的速度，则必须发展力量素质，特别是击球的爆发力和全身的协调用力。在乒乓球比赛中，击球力量大，球速就快，在战术上就容易取得主动，从而获得更多的进攻机会。

1. 击球力量的分析

一物体对另一物体的作用叫作力。当某一物体受到力作用的时候，该物体的状态就会发生变化，从静止变为运动或从一种运动速度变为另一种运动速度。因此，力是使物体获得加速度的原因。

根据牛顿第二运动定律 F=m·a（力=质量×加速度）来分析，如果物体的质量不变，那么它的加速度就与作用力成正比。作用力越大，其加速度就越大。从乒乓球运动来说，击球力量（F）等于球拍和球质量（m）与挥拍加速度（a）相乘之积。

在乒乓球运动中，球拍和球的质量变化小，可以视为是相对固定的。击球力量可以由挥拍加速度来表示，也可用挥拍即将触球的瞬时速度来表示。击球时，球拍的瞬时速度越快，则打出球的力量就越大，反之则小。不论是发力冲球还是削出强烈的旋转球，其实质都与击球的爆发力有密切关系。击球爆发力好坏，取决于击球时球拍瞬时速度的快慢。如在拉弧圈球或削球时，击球瞬时球拍速度越快，则打出的球旋转力也越强。要增大击球的爆发力，提高球拍运动的速度，除了要充分发挥大臂、前臂、手腕的动作速度外，还要注意腰、腿力量的协调配合，才能更有效地提高击球瞬间的球拍速度。

根据力学原理，球拍在加速过程中，某一位置所达到的瞬时速度的快慢，取决于加速距离的长短和速度增加快慢的程度。任何原来静止着的物体，由静态变成动态时，因为物体的惯性作用，都不可能立刻达到很高的速度，而只能在向前行进的同时速度逐步增大，越来越快。物体在向前运动的同时速度越来越快的这一段行进距离，称之为加速距离。在速度增加快慢相同时，加速距离越长，则物体所达到的瞬时速度也就越快。据此，为要使球拍达到足够快的速度以保证击球力量，那么，加速距离必须有足够的长度。如果加速距离太短，球拍达不到足够快的速度，就会使打出的球软弱无力。近台快攻，快推加速距离一般都比较短，在此情况下而能击出速度较快的球，主要原因在于：一是较多地用前臂发力，在上升期击球，来球从起跳至碰拍的时间短；二是较多借助来球的反弹力来加快回球的飞行速度。然而，终究由于它们的加速距离短，打出的球显得力量不足。为了提高击球的爆发力，除了要适当拉长加速距离外，更为重要的是必须力求在此距离内尽快地增加挥拍速度。在加速距离相同的情况下，挥拍速度快，击球力量就大。为了能在一定的加速距离内使挥拍速度加快，就必须充分发挥上臂、前臂、手腕甚至腰、腿的协调作用，使躯干、肩，肘和腕各个关节(支点）都能起到加速的作用。

2. 提高击球力量的方法

(1) 选择合理的击球位置

击球前，必须及时移动步法，抢占有利的击球位置，尽可能使身体与击球点保持一定的加速距离，以利加快击球的挥拍速度。越是要增大击球的爆发力，就越要使击球点距离身体远一些，动作半径大一些，以利整个手臂及腰腿各部分均能充分发挥作用。

(2) 提高肌肉的工作效率

击球前，必须向后引拍，使手臂、腰各部分的肌肉拉长，以利击球时进行快速收缩。

(3) 选择正确的击球时间和击球点

击球时，选择正确的击球时间和击球点也十分重要。正确的击球时间和击球点，有利于手臂的充分发力，使挥拍速度加快。正手攻球（削球）时，击球点应在身体的右侧前方，反手攻球（削球）时，击球点应在身体的左侧前方。要掌握好发力的时机。要在拍与球接触的一瞬间使挥臂达到最快的速度。同时，击球后，必须使各部分肌肉尽快放松，使身体迅速恢复准备状态，以利于下次击球。

(4) 加强速度力量素质的训练

经常进行各种提高专项快速力量的辅助练习，使击球爆发力得到不断加强。

(五) 关于击球的落点和线路

乒乓球的落点是指球的落台点。击球点到落台点之间所形成的线，叫击球线路。乒乓球击球落点和击球线路的好坏，决定着击球的质量。由于乒乓球竞技水平的不断提高，运动员在近网短球的争夺和在两条直线上的争夺欲发明显，落点控制和线路控制，成为乒乓球竞技中越来越不可忽视的因素。

1. 对击球落点和线路的认识与研究

击球落点是由击球时击球力量的变化所产生的。一般情况下，力量轻时，回球的落点就会靠近球网（摆短球），力量加大时，回球就会远离球网（搓长球）。击球线路则是由击球时拍面角度或击球时间的变化所产生的，即球拍的外撇和内扣，击球时间的早和晚，或两者的合用，都可以改变击球的线路。（图 1–15）

落点和线路在比赛战术上的重要性，是显而易见的。苏丕仁（1995）认为，一个好的击球落点：（1）就一般情况而言，是指近网、近边线、近端线和追身球；（2）是打在对方的弱点上，即打对方的技术缺点和在打开对方的位置后产生的技术缺点；（3）是在击球过程中配合假动作击球，打对方的空当。

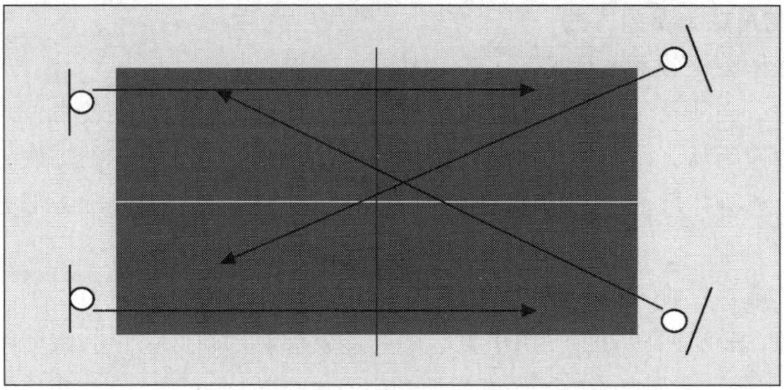

图 1-15　乒乓球击球线路与拍面角度关系

吴焕群等（1995）不仅把击球线路看作是一种战术上的变化，还认为在乒乓球比赛中，速度不单是由运动员击球的出手速度、站位远近等决定的，击球线路也成为击球速度的一个重要因素。由于直线较斜线的距离短，打直线时的球速比斜线快。在第 43 届世乒赛中，中国队直线的使用率为 41%，瑞典队为 27%。在击球线路的使用上，中国运动员直线的使用率相当高，是意识到直线球在速度上的优势和在调动对方移动上的优势。

因此，在乒乓球的教学训练中，加强对击球落点和线路的认识，从单一技术角度讲，它提高了击球质量，把击球的速度、旋转和力量通过落点和线路的不同，构成了单一技术在击球上的变化，这种变化有着明显的战术含义。

2. 乒乓球落点和线路使用的意义

(1) 扩大对方的移动范围

落点离对方的站位越远，对方的移动范围就大；短球越近网，越能迫使对方上步接球，结合劈长，使对方后退，增加对方前后移动范围。回斜线时，球从边线反弹出，落点越近网，角度就越大，增大对方的移动范围。

(2) 增大对方的击球难度

打追身球，落点越接近对方身体，对方就越难让位。由于回击球容易出现失误，回击球的落点和线路与对方的判断和步法移动方向相反时，效果最好。打两条直线时，由于球速比较快，迫使对方失去足够的击球时间，导致击球质量下降或击球失误。

二、步法移动技术的理论知识

步法移动技术的理论知识，是乒乓球技术理论知识中另一重要内容。步法移动问题，不仅是一个实践问题，同时也是一个理论问题。在乒乓球击球中5个竞技要素的产生，不仅是手法技术动作作用的结果，同时也是步法移动技术动作作用的结果。作为乒乓球击球技术动作的直观形态，我们看到的是运动员们无一例外地在不断地跑动中完成击球。所以，从理论上论述一个完整的乒乓球击球技术动作，步法移动技术动作是不可或缺的。

在乒乓球步法移动技术的基本结构的认识上，一般认为一个步法移动技术动作的完成包括3个部分：起动、位移和制动。因此，乒乓球步法移动技术动作的力学分析也是从上述3个方面进行。

(一) 起　动

人体从相对静止到快速移动的过程称为起动。起动的目的就是为了获得移动速度。影响乒乓球步法起动快慢的主要力学因素有3个：

1. 在起动方向上稳定角的大小

稳定角是用来表示物体稳定性的概念，即支撑面的两边缘上相应两点与物体重心连线所形成的夹角。在步法移动前的准备姿势可以包括4个稳定角。（图1–16）

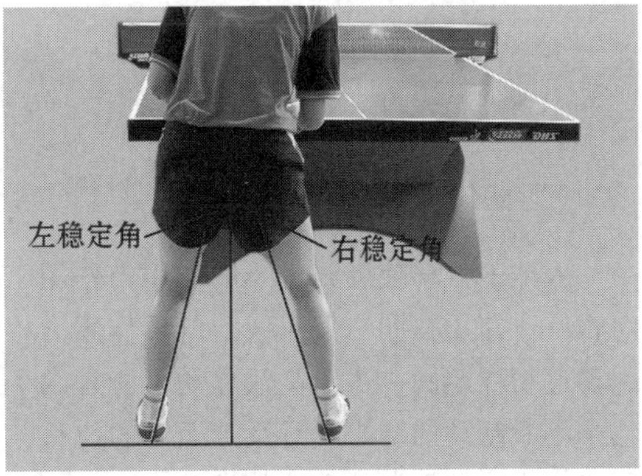

图1–16　稳定角

在支撑面一定的情况下，如果物体的重心位置较高，重心在支撑面上的投影点到支撑面边缘某个方向的距离较短，在这个方向上的稳定角就小。因此，就一个物体而言，在支撑面一定的情况下，物体在某一方向上的稳定性取决于其重心的高度和重心在支撑面上的投影点距支撑面相应边界的距离。如果不考虑人体肌肉的做功和做功的能力，步法起动方向上的稳定角越大，起动就越慢；稳定角越小，起动就快。

2. 支撑反作用力的大小

步法起动过程，是人体支撑反作用力作用在地面上的过程。作用力作用在物体上的力越大，物体改变原来运动状态就越快。地面施与人体的作用力，其大小与人体蹬地的力量大小相等，方向相反。支撑反作用力越大，起动越快。

3. 蹬地角度的大小

蹬地角是指在蹬地时支撑反作用力的作用线与水平方向的夹角。其大小决定着支撑反作用力在水平方向分力的大小。蹬地角越小，水平方向获得的分力就越大，起动就越快。（图1–17）

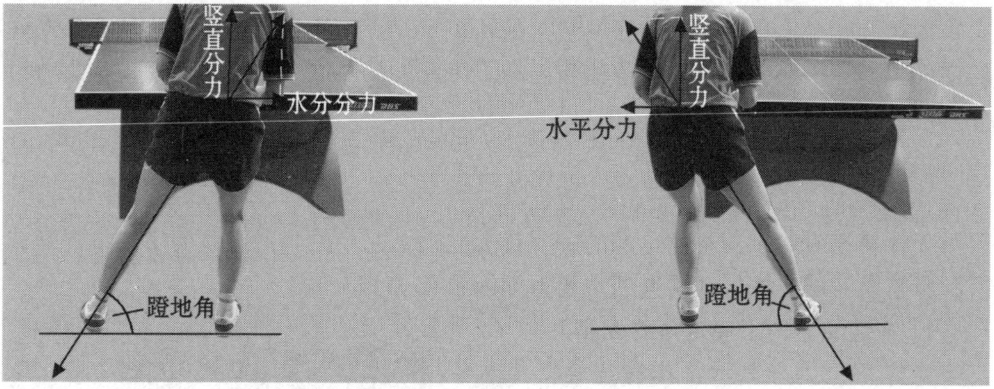

图 1–17　蹬地角

（二）位　移

人体的位移速度是人体的作用力作用于地面时，地面给人体一个大小相等、方向相反、作用在同一条直线上的反作用力相互作用而形成的。人体的位移速度是由起动速度决定的，由于步法移动可能是两个以上的步法技术动作构成，人体的位移就是不断起动的结果。乒乓球运动的位移，不同于田径运动中的跑。在位移过程中还要完成比较复杂的手法技术动作。

（三）制　动

从运动到静止的过程称为制动。制动与起动是完全相反的过程。制动时，最后跨出的脚落地，从而获得一个地面对人体的支撑反作用力。其与重力形成的合力方向与人体运动方向相反，从而使身体移动速度减慢，直到停止。影响制动快慢的因素有 2 个：一是支撑反作用力的大小，支撑反作用力越大，制动越快；二是支撑反作用力与地面的夹角的大小，夹角越小，制动越快。在乒乓球步法移动中，可以通过降低身体的重心、上体后仰等来减小其夹角。

三、乒乓球技术的经验知识

乒乓球技术的经验知识主要包括：（1）乒乓球技术术语；（2）乒乓球击球技术动作结构经验性分析。

（一）乒乓球运动技术术语

技术术语是一种具有行业特点的专门用语，并且会形成一个相互关联的系统。术语系统是一个行业技术经验不断积累的结果。在一个行业中术语系统的完备与丰富程度，反映着人们对一个行业认识的程度。乒乓球运动技术，作为行业性的技术，也是如此。

乒乓球运动中的每一个术语，都有比较严格和特定的含义。乒乓球运动技术术语随着乒乓球运动技术的不断发展而变得十分的丰富，乒乓球运动技术术语的丰富和发展程度，反映出对乒乓球运动技术的理解程度和使用的程度。乒乓球运动技术术语体系包括 4 个方面：（1）技术动作术语；（2）训练术语；（3）战术术语；（4）器材术语。

1. 技术动作术语

(1) 站　位

是指运动员击球时，身体与球台的相对位置和距离。（图 1–18）

(2) 选　位

指在比赛和训练中，击球时身体所处的不同位置。（图 1–19）

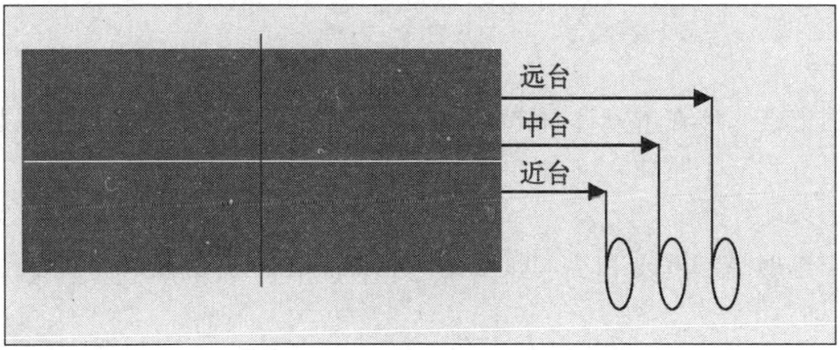

图 1-18　三种基本站位示意图

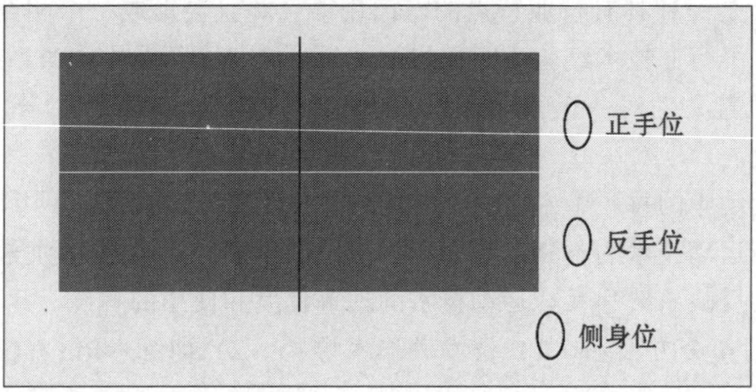

图 1-19　三种基本选位示意图

(3) 击球时间

是指对方击来球在本方台面弹起后，球从着台点上升再下落至触及地面的全过程，大致可分为三个时期。（图 1-20）

(4) 击球点

是指击球时球拍与球在空间接触的那一点与击球者所处的相对位置。（图 1-21）

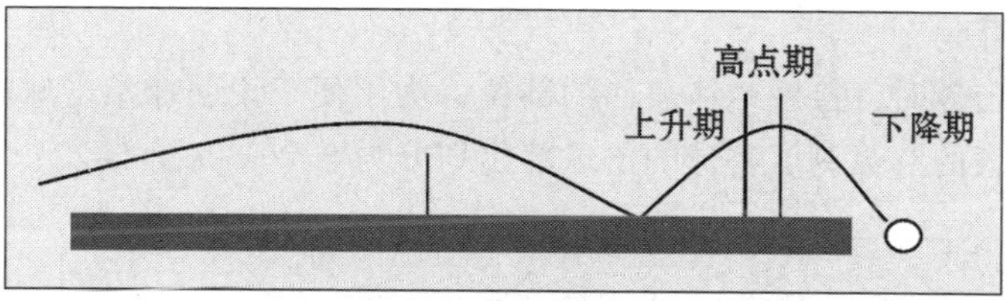

图 1-20　球反弹后的三个击球时期

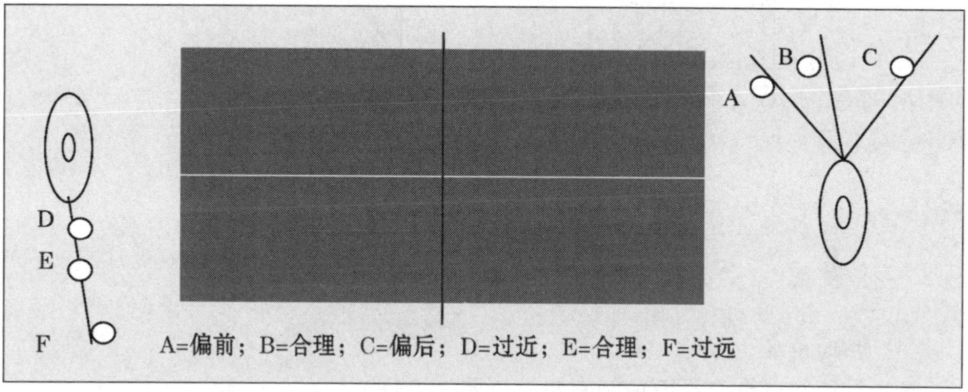

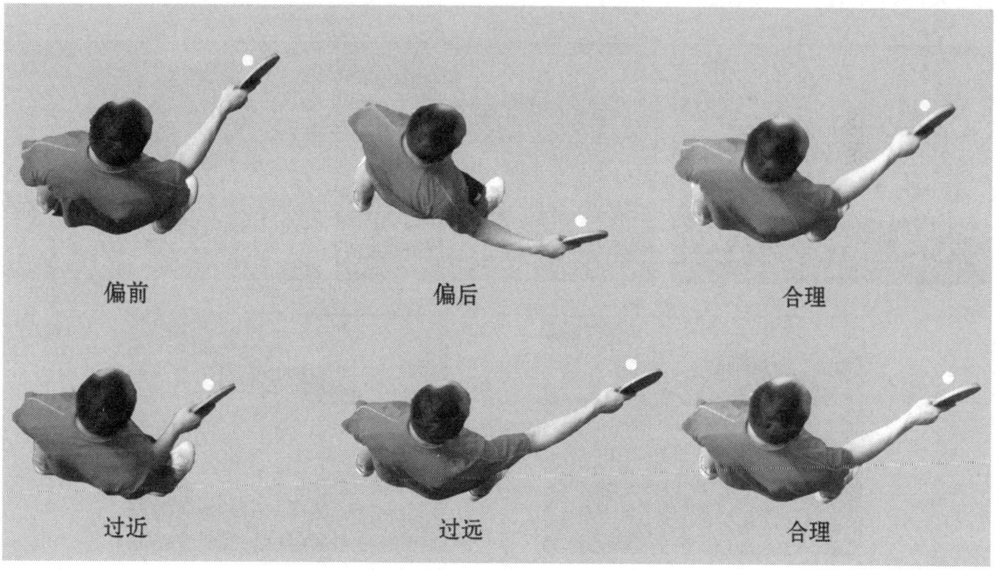

图 1-21　正手攻球技术动作中不同击球点的示意图

(5) 击球部位

是指球拍击球时，接触球体表面的部位。为了便于说明球拍击球时接触球的部位，一般以钟表的圆盘刻度将球的击球部位划分为 5 个。（图 1–22）

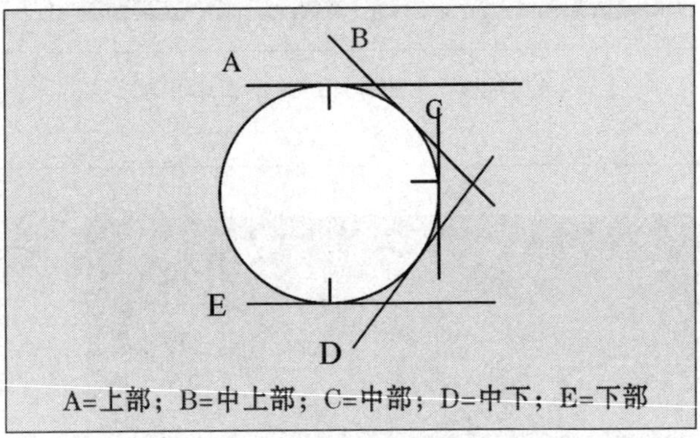

图 1–22　球拍击球部位示意图

(6) 拍面角度

是指拍面与球台水平面的倾斜角。（图 1–23）

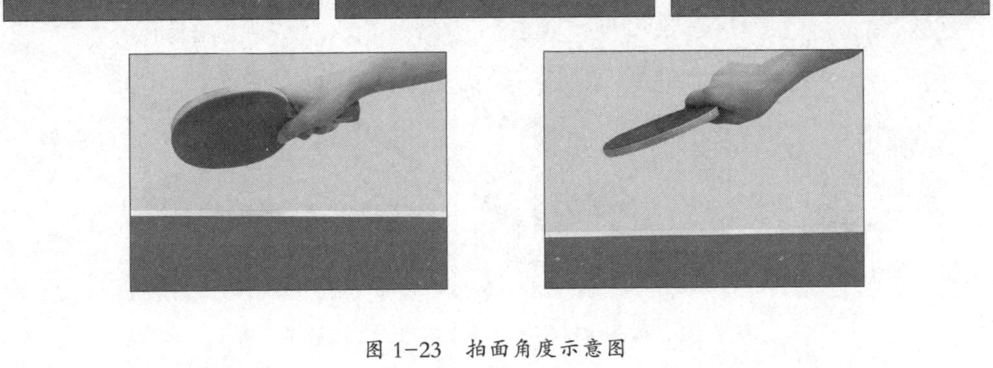

图 1–23　拍面角度示意图

(7) 拍面方向

是指球拍拍面通过手腕或前臂的变化所形成的拍面朝向的变化。(图 1–24)

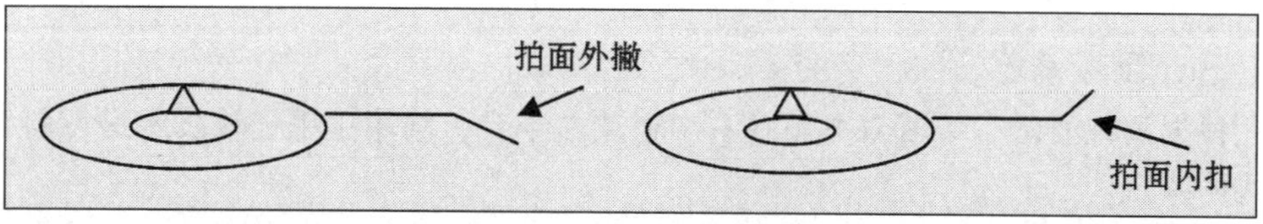

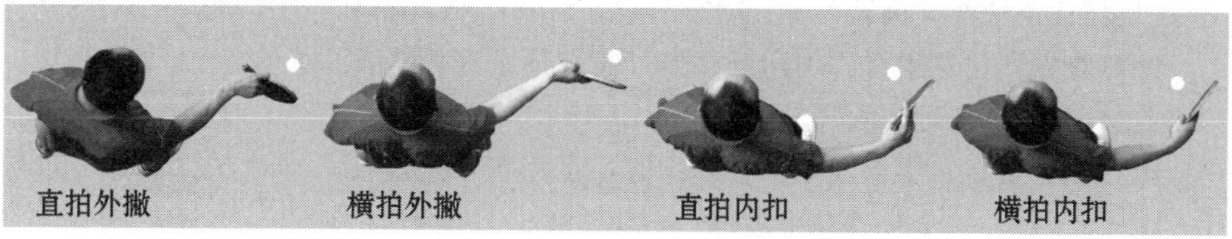

图 1-24　拍面方向俯视示意图

2. 训练术语

(1) 技术训练

主要针对技术本身，根据一定的目标要求所进行的提高技术水平的训练。

(2) 战术训练

主要针对比赛和比赛对手的基本技战术情况，以技术为基础，根据一定的战术目标要求所进行的提高战术水平的训练。

(3) 手法训练

主要是指为了改进和提高手法技术的训练。

(4) 步法移动训练

主要是指为了改进和提高步法移动能力的训练。

(5) 有规律训练

指训练的内容是在固定的落点和线路上进行。

(6) 无规律训练

指训练的内容是在不固定的落点和线路上进行。

(7) 多球训练

通过采用多球供球和多球单练的形式所进行的训练。

(8) 模拟训练

是运动员为了比赛需要，与专门模拟比赛对手的运动员进行的训练。

(9) 男帮女练

为了促进女运动员快速提高运动技术水平，采用由男运动员帮助女运动员进行的训练。

(10) 正手对攻

根据训练要求，练习双方站在右半台或左半台，均用正手进攻技术进行斜线、直线的练习。

(11) 反手对推（拨）

练习双方站在左半台，均用反手推（拨）技术进行斜线的练习。

(12) 正手一点对两点

练习双方站在右半台或左半台，一方定点用正手进攻技术打对方的两点（定点或不定点），对方在步法移动中攻球。

(13) 走动攻

练习双方站在左半台，一方定点用反手推（拨）打对方的两点（定点或不定点），对方在步法移动中攻球。

(14) 推侧扑

练习双方站在左半台，一方定点用反手推（拨），另一方从推开始，伺机进行侧身攻，在变正手位后扑正手攻。然后还原重复进行训练。

(15) 对　搓

练习双方站在左半台，均用反手或正手搓球技术进行斜线、直线的练习。

(16) 搓球抢攻

练习双方站在左半台，均用反手或正手搓球技术进行斜线、直线球，并在搓球过程中，伺机进行侧身位或正手位的进攻练习。

(17) 左推右攻（摆速）

练习双方站在左半台，一方用反手推对方的斜线、直线两条线，另一方在左半台用推和在右半台用攻进行练习。

(18) 两直对两斜

A 方在左半台用反手推对方直线，B 方在右半台用正手斜线攻回击对方右半台，A 方用正手攻直线，B 方用反手推斜线。依次进行练习。

(19) 发球抢攻

一方发球，一方接发球，发球方通过发球制造进攻的机会。

(20) 接发球抢攻

用挑打、摆短、晃接等技术回接发球后，进行正反手的上手进攻。

(21) 拉　削

是指进攻打法运动员和削球打法运动员进行的一拉一削的练习。

(22) 拉　吊

是指进攻打法运动员进行拉和吊，削球打法运动员进行削接和迎前回短球的练习。

(23) 削追身球

削球运动员在移动中用正反手削攻到身体附近的球。

(24) 削中反攻

削球运动员在正反手削球过程中，制造机会进行反攻。

3. 战术术语

(1) 竞技要素

是指一个单一技术动作，在一板击出的球中所包含的物理学因素。即速度、旋转、力量、弧线和落点。

(2) 制胜因素

是指每一板击出的球中所包含的物理学因素，由于打法类型、个人技术特点不同，根据比赛需要在战术上进行的变化。即将竞技要素与运动员个人的整体技战术结合，就形成了制胜因素。即“快、准、狠、变、转”5个制胜因素。

(3) 打法类型

是竞技要素与制胜因素在一个运动员技术基础上，进行合理有效的组合形式。

(4) 战术风格

制胜因素依运动员技战术特点（打法类型），个人气质的不同所形成的运动员各自特有的比赛风格。

(5) 进攻技术

是指以速度快、力量大为主要特征的，通过主动发力方式实施的技术。

(6) 控制技术

是指以旋转变化明显、落点线路控制严谨为特征，在近台范围内，通过适当用力和借力的方式实施的上下旋技术。

(7) 防御技术

是指以旋转变化明显、进行落点线路控制为特征的，在中远台范围内，通过主动发力的方式实施的上下旋技术。

(8) 相持技术

是指比赛中双方在第 4、第 5 板以后的技术使用，包括上旋相持技术和下旋相持技术。

(9) 单一技术

是指乒乓球运动中的一个技术动作。

(10) 结合技术

是指乒乓球运动中两个以上技术动作的组合。

(11) 战术单元

根据比赛需要，使一个单一技术战术化。

(12) 单个战术

根据比赛需要，使一个结合技术战术化。

(13) 中路突破

通过有质量的发球或回接球到对方中路（追身位置），迫使对方回接难度增加，控制力减弱，进而实施进攻的一种策略。

(14) 正手突破

通过有质量的发球或回接球到对方正手位，迫使对方在被动移动去正手位时，失去反手位置，进而再实施打反手位的一种策略。

(15) 近网球

指球的落点在近网区内（近网区指距球网 40 厘米以内的区域）的球。（图 1–25）

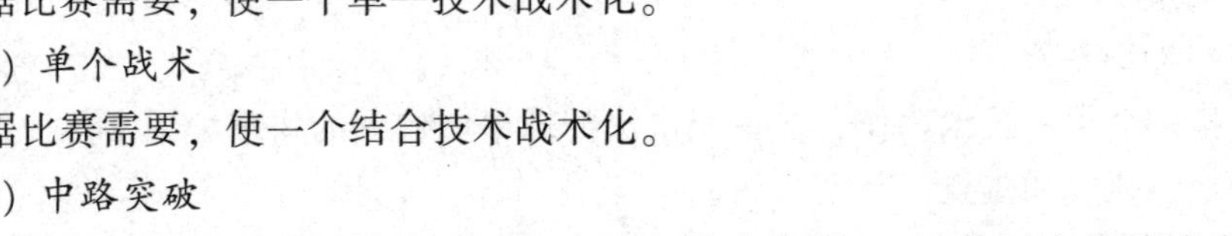

图 1–25　发近网球示意图

(16) 半出台球

是指回接球的第二落点在球台底线外缘附近。(图 1–26)

(17) 底线球

击出球的落点在对方台面端线区内(端线区指距端线 10 厘米以内的区域)的球。(图 1–27)

(18) 追身球

是指球的落点或反弹后，在空间的位置迫近回球者身体而造成回球者回击困难的球。

(19) 小三角区域

指球台近网的两个边线附近的区域。(图 1–28)

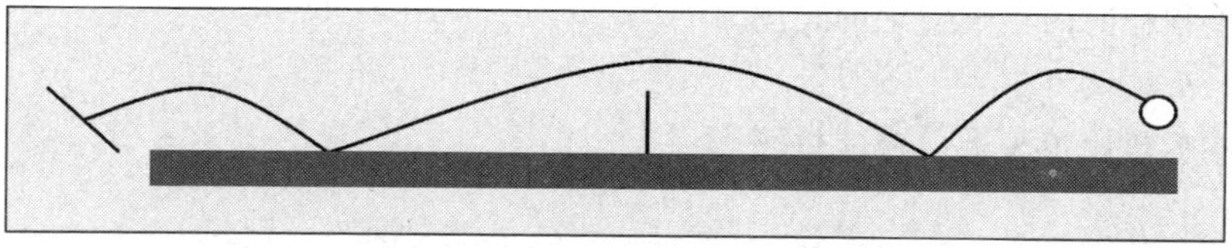

图 1–26 发半出台球示意图

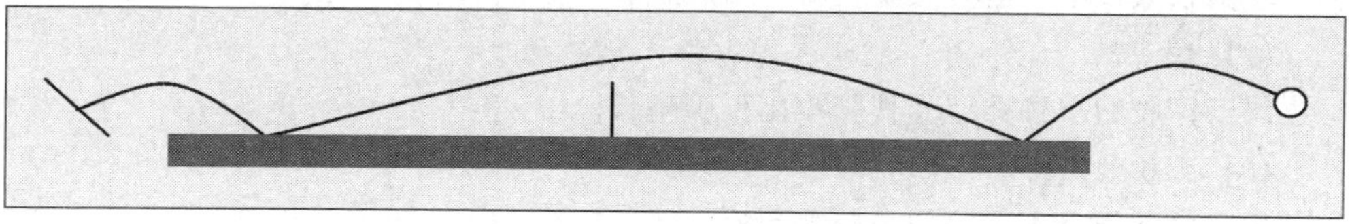

图 1–27 发底线球示意图

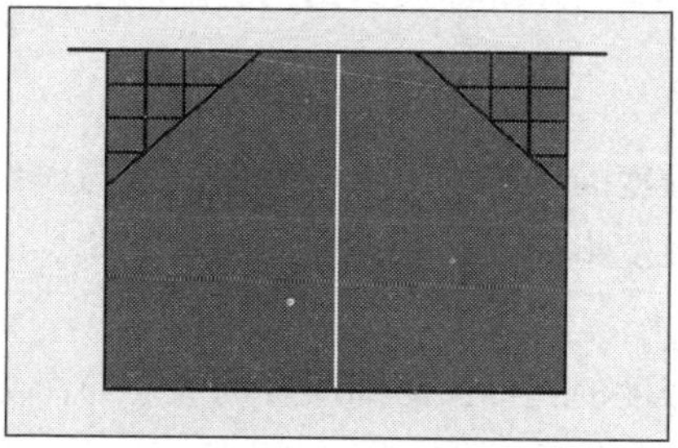

图 1–28 小三角区域示意图

(20) 前三板

是指发球、接发球和发球抢攻，双方加起来的前三板击球。

(21) 击球节奏

是指在击球时由于击球时间、发力大小、摩擦厚薄等因素而形成在击球速度上快慢的不同。

4. 器材术语

(1) 正　胶

胶皮颗粒向外粘贴使用的胶皮。

(2) 正胶效用

摩擦系数比反胶小，速度较快。

(3) 反　胶

胶皮颗粒向内粘贴使用的胶皮。

(4) 反胶效用

摩擦系数比正胶大，速度较慢。

(5) 长　胶

属于正胶的一种类型，其胶粒细且长。

(6) 长胶效用

摩擦系数很小，借转做转，不主动产生旋转。

(7) 生　胶

属于正胶的一种类型，其胶粒比正胶略长。

(8) 生胶效用

击球的性能介于正胶与长胶之间。

(9) 海　绵

是一种经过发泡工艺而产生的无数个密闭小孔布满其内，形成无数微型气室的微孔橡胶制品。

(10) 海绵硬度

表示海绵软硬程度的指标，海绵硬度的高低与海绵出球速度成正比。不同生产厂家在乒乓球海绵硬度指标上，有不同的表示方式。

(11) 海绵厚度

表示海绵厚薄程度的指标，海绵厚度的大小与海绵出球速度成正比。

(12) 海绵弹性

海绵的弹性程度与海绵的硬度和厚度有关，更与海绵的发泡程度有关。

(13) 海绵效用

当海绵受到来球的撞击时，与触球点临近的气室受力而产生收缩，海绵由此产生形变而凹陷，可将来球“吃住”，从而为调节击球提供可能。通过变形所积蓄的弹性势能迅速转化为动能使球弹出。

(14) 底　板

指还没有覆盖海绵和胶皮的球板。

(15) 底板指标

包括拍柄形状（HANDLE SHAPE）、重量（WT.）、板层结构（PIY）、厚度（THIKNESS）、长宽（LENGTH/WILD）、速度（SPEED）。

(16) 碳素纤维

即聚丙烯腈基碳纤维，它是由碳纤维和相关的基体树脂（如环氧树脂）制成的复合材料。由于它是一种强度高、轻比重材料，现在成为乒乓球底板增加弹性的必须添加的材料。

(17) 芳基纤维

又称芳纶纤维，它是一种更新型的高柔韧性材料。由于它的坚韧、高弹减震和超轻重量的特性，使它成为乒乓球底板新的添加材料。

(18) 底板速度与控制系数

说明底板的弹性与控制关系的大小。速度系数高表明底板弹性大，控制性低；反之亦然。

(19) 底板弹性

是指底板击球后变形恢复的速度。恢复速度快，则球脱板的速度快；反之亦然。

(20) 底板“吃球”

是底板在击球时产生的微小变形。

(21) 底板底劲

是击球力量通过底板作用于球时的消耗程度，地板底劲好，意味着其力量传递过程中消耗的少。

(22) 套　胶

海绵和胶皮已经粘好的海绵胶。

推荐阅读文献

1. 吴焕群，等. 乒乓长盛的训练学探索 [M]. 北京：北京体育大学出版社，2003.

2. 邱锺惠，等. 现代乒乓球技术研究[M]. 北京：人民体育出版社，1984.

3. 王家正，等. 乒乓球 [M]. 北京：人民体育出版社，1979.

3. 张惠钦. 乒乓球的旋转[M]. 北京：人民体育出版社，1980.

4. 温国昌. 乒乓球教学与训练[M]. 郑州：河南教育出版社，1986.

5. 张振民，等. 优秀乒乓球运动员神经调节机能特征[J]. 中国运动医学杂志，1998（3）.

6. 张力为，等. 乒乓球运动员反应时与运动技能关系的探讨[J]. 体育科学，1994（1）.

7. 蔡继铃，等. 乒乓球[M]. 北京：北京体育大学出版社，1998.

第二章
乒乓球器材与场地

○教学提示

1. 了解乒乓球拍中底板、海绵、胶皮的构成。
2. 了解底板、海绵和胶皮性能以及对技术的影响。
3. 了解乒乓球拍的选用、粘贴和保护方法。
4. 了解如何进行乒乓球器材的选择和合理使用。
5. 学会乒乓球器材的维护和简单修理。

乒乓球运动器材是乒乓球技术的组成部分。乒乓球器材是乒乓球技术手段的物质部分，由于乒乓球器材生产的技术方法和技术知识，是存在和积累于生产企业，因此它们就不在乒乓球竞技专业的领域进行讨论。乒乓球运动所关注的问题是如何积极和有效地利用新型器材，来服务于运动技术水平的提高。

第一节　乒乓球器材

一、乒乓球拍

乒乓球拍由底板、海绵、胶皮3个部分组成。人们根据自己的技术特点和打法类型，对不同类型的底板、海绵和胶皮进行选择。了解底板、海绵和胶皮的性能，是把底板、海绵和胶皮进行优化组合的前提。同时，在比赛中使用的球拍还必须符合正式比赛的要求。

知识专栏：乒乓球拍的检测

乒乓球拍检测除为了确保球拍的拍面及“胶皮”没有违反规定外，更重要的是检查粘贴“胶皮”及海绵的胶水是否含有对人体有害的违禁溶剂。

一、检测内容一般包括

1. 正贴胶粒的高度和直径的比例。由1999年6月30日起，规则规定胶粒高度与直径之比不得超过1:1。

2. 覆盖物（胶皮及海绵）的厚度。单胶+胶水的总厚度不得超过2毫米，而胶皮、海绵、胶水的总厚度不得超过4毫米。

3. 平坦度。覆盖物是否整块均匀平坦，有没有呈现凹凸，可接受差距为0.2毫米。

4. 光泽度。球拍的表面光泽是否符合标准，即球拍是否反光，例如呈现如镜面的反光情况。利用检测光泽的仪器（gloss meter）进行测度，反贴胶皮的光泽度不得超出24°。

5. 黏贴覆盖物的胶水是否含有对人体有害的违禁溶剂。国际乒联现正采用“Drager Programme”测试球拍所释出的溶剂成份是否超出标准。包括：三氯乙烯（Trichloroethylene）；甲苯（Toluene）；二甲苯（Xylene）。

二、进行乒乓球拍检测的方法和时间

一般来说以抽样方式在赛前进行测试，赛会需在比赛开始前40分钟公布测试名单，而有关球员则必须在开赛前20~30分钟将球拍送检，通过测试的球拍将被装入特制的袋子，然后交给该场比赛的裁判员保管，直至比赛即将开始前交回球员。

球员不得在该球拍上再次涂胶水或更换胶皮，违者可能会被取消资格；若有其它特殊情况，例如比赛期间球拍损毁，需中途换拍，则必须于赛后将更换的球拍送检。

三、对粘贴剂被检测出含有上述对人体有害的违禁成份的处理。

1. 若轻微超出标准，且属初犯者，将会被警告，球拍则会被禁用，球员需以另一块球拍比赛。

2. 若再犯者，将会被取消资格。

3. 若明显超出标准者，无须警告，将会被取消资格。

4. 若于赛后送检的球拍测试结果超出标准者，将会被取消成绩。

此外，国际乒联禁止在比赛场馆内涂胶水，违者将受到纪律处分，故此，各球员应在场外空气流通的地方使用胶水黏贴覆盖物，以免违规。

(一) 底　板

乒乓球底板一般以木质材料为主制作而成，从木质材料的构成上看，乒乓球底板又可分为一层木质底板和多层木质底板两种。多层木质底板主要有3、5、6、7以及9层这5种。在其它条件不变的情况下，底板的层数越多，球在底板的脱板速度就越快，借力击球比较容易；反之，球在底板的停滞时间比较长，需要主动发力。

为了保证底板有一个适宜的击球弹性，在底板的制作过程中，就要考虑到横向木层纤维与纵向木层纤维的合理搭配。随着世界乒乓球技术的发展，乒乓球底板也开始利用一些新的工业材料，以此来提高击球时底板弹力和控制的均衡。于是，含有碳素纤维、（CARBON）、芳基（ARYLATE）纤维、芳基/碳纤维（CARBON/ARYLATE）混织以及玻璃纤维的底板应运而生。这些新材料的使用，大大提高了底板的性能。

1. 乒乓球底板的材料组成

乒乓球的底板一般由：面材+力材+芯材组成。底板中各层材料的厚度分别为：面材最薄，一般为0.2~0.5毫米；力材次之，一般为0.5~1毫米；芯材（常称为厚芯材）最厚，一般为2.5~5毫米。

(1) 面　材

面材为底板最外面的一层。该层材料的选材及厚度对底板的软硬起关键作用。国外主要用非洲产木材 LIMBA（林巴）和 KOTO（克脱）。从物理性能来看，这两种木材基本相似，其密度通常在 0.5g/cm³~0.65g/cm³ 之间。

(2) 力　材

力材为底板的次外层，该层材料的选材、厚度以及木材处理、排列方向、厚度以及占整个底板的厚度，直接影响到底板对来球的反弹作用。一般来讲，力材厚度增加，则底板的硬度增加，球的反弹作用随之增加。不同力材的组合，可使得底板在击球时控制性能增加，有利于各种击球技术的发挥。力材选择稍软一些有利于击球后力传递到芯材，能充分发挥芯材的底劲作用。

(3) 芯　材

芯材为底板最中间一层。是直接影响底板底劲的一层木材。所谓底劲即当芯材受到球的作用力发生弹性变形后恢复到原来形状的快慢，即弹性变形恢复得快，底劲大；弹性变形恢复得慢，则底劲小。底劲大的底板，即使在远台击球时，球过网后仍可获得较快的速度。

国内外最常用的芯材材料为非洲产 AYOUS（中文译音阿柚斯），该木材密度为 0.33g/cm³~0.48g/cm³。

在乒乓球底板的设计和制造中，其结构一般为面材薄、力材稍厚、芯材最厚。

2. 底板与新材料的使用

(1) 采用不同纤维材料的性能

不同的纤维强化复合材料的底板在击球时，会表现出不同的物理特征，通过纤维强化复合材料振动中幅度、频率和减衰三个物理测试指标，可以看到不同纤维在受到球同样力量的冲击时，它们在初期振动幅度、振动频率和振动减衰时间三个指标上有明显的区别。(图 2–1)

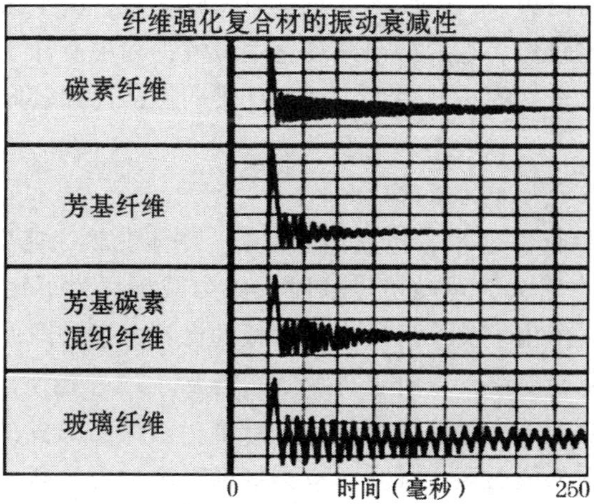

图 2-1　不同复合纤维材料振动的衰减程度（依王吉生，2001）

(2) 不同纤维材料与手感

①碳素纤维的性能与手感

碳素纤维初期的振动幅度最小，因此碳素纤维底板击球感觉最硬。由于振动频率最高，所以击球时形成的球滞板时间最短。这种球拍在击球时，球的弧线比较平，球的飞行速度比较快。这些特点适合在技术使用上比较凶狠的运动员采用。

②芳基纤维的性能和手感

芳基纤维在初期的振动幅度最大，因此含芳基纤维的底板击球感觉比较柔和。由于其振动频率不高，所以底板击球时，球在底板停留的时间比较长。它的振动衰减速度最快。虽然底板软，但击球时会感到反弹力比较集中。球滞板时间较长可以充分摩擦制造旋转，击球力量转化为球的自转速度的效率比较高。由于反弹力比较好，使击球力量通过底板转化为球的飞行速度的效率也比较高。这些特点适合以弧圈球技术为主的运动员的需要。

③芳基和碳素混织纤维的性能和手感

芳基和碳素混织纤维在初期振动幅度适中，因此底板有一种软硬适度的感觉。由于它振动频率适中，底板击球的球滞时间也适中。振动减衰速度虽然比碳素纤维快，但比芳基纤维慢，所以底板击球时感觉稳而有力。

④玻璃纤维的性能和手感

玻璃纤维是一种比较便宜的材料，它的强度不如碳素纤维，韧性不如芳基纤维。它初期振动幅度比较大，因此击球感觉也比较柔和。由于振动频率不高，使底板击球时球滞时间比较长。它的振动减衰速度最慢，如果能和木层结构进行良好配合，底板就能形成比较好的击球力度。玻璃纤维的经济性和较好的性能，是它受到人们欢迎的原因。

(3) 底板中木层和纤维的匹配

大球比小球直径长 2 毫米，重量多 0.2 克。球体变软，速度变慢。总体上看，大球对底板的冲击力增大，运动员进攻时的威力减小。为了解决底板打大球的问题，王吉生（2001）给出了关于解决大球底板的设计方案。即通过在 6 层木之间加上 3 层不同性能的复合纤维，以符合打大球的需要。

在三层的中间层加上高强度的刚性碳素纤维，来保证底板在快攻和扣杀时的坚硬程度和稳定性。在外面二层中加上具有柔韧性与高弹力的高粘弹性纤维（芳基纤维），以保证底板在触及球时，击球的力量能够柔和均匀地作用于整个球体，提高击球力量转化为速度的效率。

这种加复合纤维材料的方式，能够兼容拉弧圈球强力摩擦与扣杀（推挡）的击打两种不同的击球发力方式在技术上的需要。

3. 乒乓球底板性能指标与软硬度程度

(1) 底板性能指标

乒乓球底板的性能指标一般包括以下几个方面：速度、旋转、控制、有效击球范围。这些指标是为给消费者在购买乒乓球底板时提供参考。底板性能指标中的“速度”，应该指击球的用力透过球拍作用于球，使之转化为球的飞进速度的效率；“旋转”是指击球时用力透过球拍作用于球，使之转化为球自转速度的效率；“控制”是指用相同力量和方法击球时，球脱离球拍需要的时间长短；“有效击球范围”是指击球力量能够集中传递在底板上的位置和范围（这与底板的形状、结构、材质有关）。

上述四个方面的性能既有各自不同的特点，又相互联系、相互影响。因此在选购底板时，不仅要看外观、数层数，而且还要看木纹排列结构；不仅要听声音，而且在敲击时还要用手指感觉它的软、硬度；不仅要阅读底板上注明的相关指数，而且还要用不同的力量来掂球，以便感觉它的用力效率及综合性能。总的来说，底板性能指标经过各争长短的时代后，现在各指标的标注也越来越相近了。一般来说各底板厂商都会标明“速度”和“控制”这两个指标，指标选用 1~10（或 1~12）等级来划分。

(2) 底板软硬程度

底板由于材质的不同，其底板的性能也有所不同。底板可以分成硬性底板、软硬均衡性底板和软性底板三种。

①硬底板

一般地讲，硬底板都是 7 层以上的底板（碳精板除外），这类底板木质较硬，弹性较大，由于木质硬、弹性大，触球后球脱板快。这类底板，适合于自身力量比较小的进攻型选手使用。速度指标在 9 以上，这类底板应属硬底板范围。这类底板的控制就会差一些，其控制指数也相对低一些（约在 6 左右）。

②软硬均衡性底板

这类底板，一般是 5~6 层，有的也可到 7 层。木质不硬，这类底板的木质硬软搭配，弹性适中，控球比较好（“吃”球性能好），适合主动发力的进攻型选手使用。这类底板的性能指标一般为速度指标在 7~8 之间，控制指标在 7~8 之间。

③软性底板

这类底板均是 5 层板，底板偏软。由于较软，所以弹性较小，相应的，“吃”球程度就深，这类底板一般是以防守为主的选手所使用，其速度指标在 7 以下，控制指标在 8 以上。

4. 乒乓球底板的选用

(1) 乒乓球底板的外观

首先是观察底板的外观。看底板的做工是否精致，打磨是否光滑，好的底板应该看上去很精致，手感舒适。要观察底板表面是否平整、木材是否有开裂，层与层之间是否粘合紧密。至于力材或者面材只要均匀细致就可以了，大芯的拼接也并不妨碍底板性能。对于一些昂贵的高档底板，要看手柄后的标签是否清晰，底板上的字迹是否清晰，拍肩的编号是否清楚，正品行货的底板这些方面都无可挑剔，没有瑕疵。

(2) 乒乓球底板的挑选

了解底板的性能，还可以用两指捏着球拍手柄，然后曲起食指敲击底板的不同部位，通过听声音和底板的震动情况，来判断底板的弹性或软硬程度。底板偏软、弹性较小的底板的声音略发闷，底板有点震手的感觉；底板偏硬、弹性比较大的底板的声音清脆，底板几乎没有震手的感觉。

(3) 底板型号指标与选用

乒乓球底板通过指标的标示，来区别不同类型底板具有的不同性能，以便于购买者根据自己的技术打法类型进行选择。（表 2–1）

表2－1　乒乓球底板型号指标中英文对照表

名称	英文	中文	选用说明
板柄	ST = STRAIGHT	直柄	横板以直柄和收腰柄为主
类型	FL = FLARED	收腰柄	中式直板以直柄和锥形柄为主
	CO = CONIC	锥形柄	
	AN = ANATOMIC	葫芦柄	
底板	WT = WEIGHT	重量	在一定条件下，底板重量与击球力量成正比关系
指标	THICKNESS	厚度	在一定条件下，底板厚度与击球力量成正比关系
	LENGTH/WIDTH	长与宽	在一定条件下，底板长宽与击球力量成反比关系
材料	W = WOOD	木质	在一定底板重量条件下，击球的力量比较小
使用	A = ARYLATE	芳基纤维	在一定底板重量条件下，击球的反弹力量比较大
	C = CARBON	碳素纤维	在一定底板重量条件下，击球的速度比较快
	G = GLASS FIBRE	玻璃纤维	在一定底板重量条件下，击球的速度接近芳基纤维
击球	OFF = OFFENSIVS	攻击性	OFF + 表示攻击性相对强，OFF – 表示攻击性相对弱
速度	ALL = ALLROUND	全面性	ALL + 表示全面性相对能高，ALL – 表示攻击性相对弱
	DEF = DENSFVE	防守性	DEF + 表示防守性相对能高，DEF – 表示防守性相对弱

（二）海　绵

1. 海绵的性能与作用

海绵是一种微孔橡胶制品，经过发泡工艺而产生的无数个密闭小孔布满其内，从而形成了众多的微型气室。当受到来球撞击时，与触球点临近的气室受力收缩，海绵由此产生形变而凹陷，可将来球“吃”住，给予运动员调节击球用力的可能，同时积蓄相当的弹性势能，随即势能又转化为球的动能而令其弹出。它为提高击球力量和优化弧线提供了条件。因此，可以认为海绵的作用主要是在控制球和提高击球速度上。

目前，国内市场上的乒乓球海绵主要有3类，国产海绵、日本海绵和德国海绵。田力（2002）对不同产地的海绵，在性能方面的不同，做了一个研究报告（表2–2）。

表 2-2　不同产地海绵的性能与击球特性

产地	孔壁	弹性	重量	手感	击球特性
中国	比较厚	大	重	湿重	易于控制台内球，中远台发力不足。
日本	较薄	较大	适中	—	控制台内球差，中远台发力足，击球的线路长，弧线高。
德国	薄	大	轻	柔软	出球时的弧线低，球速快，底劲足。

（依田力 2002，改制）

海绵是乒乓球拍重要组成之一，其硬度和厚度直接影响了球的速度、旋转和控制效果。海绵的厚度一般在 0.5 毫米到 2.4 毫米之间，硬度则在 30 度到 50 度之间。一般海绵越硬越厚，弹性就越大，击球速度快，不过也不是说越硬越厚就越好，那样不但球拍过于沉重，而且弹性过大也不易于控制。初学者建议选择厚度在 1.8~2.0 毫米，硬度在 40 度左右的反胶海绵或者硬度在 35 度左右的正胶海绵。

2. 海绵的性能指标

海绵的性能一般是通过厚度和硬度两个指标来表示的。这两个指标和海绵的弹性有关，海绵越厚，弹力越大，拉球的旋转越强；海绵越薄，拉球的旋转越弱；海绵越硬越厚，弹性就越大，击球速度越快。当然也不是说越硬越厚就越好，那样不但球拍过于沉重，而且弹性过大也不易于控制。

海绵厚度的标准比较统一，都是国际度量标准毫米。海绵的厚度一般在 0.5 毫米~2.4 毫米之间。而硬度的标准则分两类：一个是 729 的邵氏 W，还有就是红双喜（DHS）的邵氏 A。邵氏 W 主要测定含有发泡剂制成的橡胶、塑料微孔材料硬度。精确程度：±1 度，测量厚度：10±0.5 毫米。由于此硬度压针直径为 5 毫米，对于测试海绵这类相对于硬度不均匀的产品来说，由于受力面相对广，而精确度较高，其测试的数值也较“邵氏 A”大。邵氏 A 能准确测出橡胶塑料标准试片的标准硬度，精确程度：±1 度，测量厚度：6±0.5 毫米。由于此硬度计的锥端直径只有 0.8 毫米，其受力面小，要精确测试就要多次，在一块产品上选多个点，进行测试，得出平均值。

729 硬度范围为：反胶 40~48 度，正胶 35~40 度，分为中软、中硬两种。反胶的中软相当于 40~44 度之间，中硬相当于 44~48 度之间。DHS 硬度范围为：反胶在 38~41 度 4 个等级之间。（表 2-3）

表 2－3　729 与 DHS 海绵硬度基本换算表

729 中软	邵氏 W	43～44 度	相当于	DHS	邵氏 A	38 度
729 中硬	邵氏 W	45～46 度	相当于	DHS	邵氏 A	39 度
729 中硬	邵氏 W	46～47 度	相当于	DHS	邵氏 A	40 度

3. 海绵的选用

（1）在厚度方面。反胶进攻型打法选手，其海绵选用一般在 1.9~2.3 毫米，加胶皮总厚度不能超过 4.0 毫米。正胶、生胶进攻型打法选手，海绵一般是 1.5~2.2 毫米。使用长胶打法的，如果使用海绵多在 0.4~1.0 毫米。

（2）在硬度方面。反胶进攻型打法的选手，海绵硬度多用 38~49 度，并根据底板硬度选择适合的海绵。一般来说，硬底板配软一些的海绵，软底板配硬一些的海绵。初学者适合用硬度低的海绵，以便尽快掌握技术和基本动作。正胶、生胶进攻型打法的选手，海绵硬度常用 30~40 度。

（三）胶　皮

1. 正胶胶皮

正胶胶皮是胶皮粒子向外粘贴的胶皮。国际乒乓球联合会对正胶胶皮的使用做出如下规定：每一颗胶粒必须是圆形对称，轴与底层平面垂直，颗粒顶部表面必须与胶粒片底部水平，其表面可以是粗糙的或平整的，但不能在粒子中形成中空；三颗相邻的胶粒成等腰三角形，每一颗粒至少 1.0 毫米长，顶部直径 1.0~2.2 毫米，颗粒间间距 1.0~2.0 毫米，颗粒高与颗粒直径之比不超过 1.1。

从上述规定看，正胶胶皮包括一系列不同性能的正胶胶皮。如我们通常所说的正胶、长胶、生胶。

正胶胶皮的胶粒向外，使它直接受到来球冲击而产生弹性变形，变形越大，瞬间的反弹力越大，回球的速度就越快。它的摩擦系数低，制造旋转比较差。从打法需求上看，正胶胶皮适用于近台左推右攻和两面攻打法。

2. 长胶胶皮

长胶胶皮是正胶胶皮中比较特殊的胶粒，它的胶粒长而柔软，韧性极佳，顶部表面，有平整光滑的和有粒子纹路的两种。前一种胶粒在受到球的冲压力时，会斜向一侧，在反弹时会给球一个反向的旋转力，使击出的球产生与对方来球相反的旋转。后一种胶粒由于顶层表面有了纹路，除了具有前一种长胶的性能外，还可以制造旋转，用于进攻。长胶胶皮多为削球打法所用，经常使用在直拍反面和横拍的反手一面。

3. 生胶胶皮

生胶的击球性能介于正胶和长胶之间，即它部分地具备了长胶反旋转和击球有下沉的性能，也部分具备了正胶胶皮击球速度快，比较易于进攻的性能。生胶胶皮多为进攻型打法所用，尤其是在横板的反手一面。

4. 反胶胶皮

所谓反胶胶皮，就是胶皮粒子向内粘贴的胶皮。国际乒乓球联合会对反胶有如下的规定：反胶的每一颗粒长不少于 0.5 毫米，顶部直径不小于 1.0 毫米，颗粒间间距至少 0.5 毫米，粒子分布均匀，密度不小于 10/平方毫米，也不大于 50/平方毫米，套胶厚度不超过 4 毫米。

反胶的基本性能表现在击球时，胶皮下面的粒子会经历一个受到冲击后，产生变形与再恢复的过程。粒子的弹性变形，加大了胶面对球的反弹力度，从而提高了击球的速度；同时，由于反胶胶面击球时加大了击球的摩擦面积，使得摩擦系数增加，从而提高了击球的旋转。在弧圈球作为进攻主流技术的时代，反胶的作用愈发突出，更多地用于快攻结合弧圈球打法和弧圈球打法。

5. 防弧胶皮

专门对付弧圈球的还有一种叫“防弧胶皮”的反胶海绵胶皮，这种胶皮拍面无粘性，表面较光滑且轻微发涩，击出球运行速度较慢、弧线较短，着台后下沉飘忽，令对手难以按常规判断，对付弧圈球尤为奏效。当年蔡振华反面贴的就是这种胶皮。

表 2－4　乒乓球底板、海绵与胶皮的组合

技术打法类型	底板参考值		海绵参考值		胶皮类型			
	重量(g)	板厚(mm)	厚度(mm)	硬度	反胶	正胶	生胶	长胶
横拍快攻结合弧圈	90～100	6.5～7.5	1.8～2.2	38～48	—			
直拍快攻结合弧圈	75 左右	6.0 左右	1.8～2.2	38～48	—			
攻削打法(正手面)	90 以下	6.0 左右	1.5～2.0	36～40	—			
(反手面)	同上	同上	1.0 左右	1.5～2.0		—	—	—
直拍正胶快攻	75 左右	6.5～7.5	2.1～2.2	1.8～2.0		—	—	

(四)乒乓球胶水

1. 胶水的种类和构成

目前使用的胶水分为：有机胶水和无机胶水。

有机胶水的主要成分是橡胶分子和有机溶剂，溶胶挥发之后留下的橡胶分子交联成高分子，起到粘合作用。胶水的成分中通常有机溶剂的比例要高于橡胶成分，常用的有机溶剂有环己烷、庚烷等。由于成分中包含有害物质的缘故，现在国际乒联在正式比赛中禁止使用有机胶水。

无机胶水，主要成份是无机物粘合剂，确切的说无机胶水的溶剂一定不使用有机物，比如现在经常被采用的环己烷。无机胶水的外观无色、无味，清如水。但是，无机胶水目前还没有达到有机胶水的效果，所以器材商们在积极改进其它方面，比如套胶的性能以适应没有海绵膨胀作用的无机胶水。

2. 胶水的作用

乒乓球拍中的胶水，其作用不仅仅是把底板、海绵及胶皮粘帖起来。在当今乒乓球运动中，它对球拍的性能一直起着十分重要的作用。乒乓球拍的粘帖，被称为“灌胶”，自从有机胶水被发明之后，在乒乓球套胶海绵上涂抹几遍甚至几十遍胶水之后，球拍本身会表现出极大的控球力和杀伤力，这是因为有机胶水当中含有大量挥发性有机物，涂抹在海绵上以后，这些有机小分子会扩散到海绵的微孔当中，使得海绵发生一定程度的膨胀，变得疏松和更有弹性。表现在打球上，就是更好的持球，更好的弹性，更大的杀伤力。

二、乒乓球拍的粘贴方法

一般而言，人们都是根据自己的技术打法来选择乒乓球底板、海绵和胶皮，通常人们还要自己动手来粘贴自己的球拍。下面简单介绍如何粘贴球拍。

(一)准备必要的工具

1. 刷　子

是用来刷胶水用的，一般宜选用软硬适中，宽约 3~4 厘米的油画笔。注意该笔一定不能掉毛，以免在刷胶水时毛掉在底板上。如果购买专业用的胶水，其胶水罐带有一个刷子。

2. 磙　子

是通过滚动的方式，把粘贴好的胶皮均匀地压紧粘牢在海绵上，或把套胶均匀地压紧粘牢在底板上。磙子可以用表面平滑、粗细均匀的物品替代。

3. 裁纸刀

用来裁割粘贴在球拍边缘上的海绵胶皮。

4. 玻璃板

用来涂抹胶水用的。往已经粘贴在底板的海绵上粘贴胶皮时，要把胶水先均匀地涂抹在玻璃板上（或平整光滑的物体上）。

5. 胶　水

用来把底板、海绵和胶皮粘贴起来。可以使用乒乓球专业胶水，也可以使用自行车的补胎胶水。当然，专业胶水能增加球拍的杀伤力。

（二）粘　贴

粘贴球拍方式有两种：一是底板、海绵和胶皮都要粘贴；二是底板与套胶的粘贴。

1. 粘贴底板、海绵和胶皮的方法

（1）把适量胶水均匀地涂抹到底板上，待微干后再涂抹一次。

（2）把适量胶水均匀地涂抹到海绵上，待微干后再涂抹一次，把海绵粘贴在底板上，用磙子来回滚压。

（3）把适量胶水均匀地涂抹到海绵的另一侧，待微干后再涂抹一次。

（4）如果是粘贴反胶，就把胶水均匀地涂抹到玻璃板上，抹得要略厚一些，以便让反胶胶皮的颗粒在和玻璃板上的胶水接触时，有适量的胶水粘在其上。抹胶水的面积与胶皮面积的大小相当。待胶皮上的胶水干了后，把胶皮轻轻地放在海绵上，用磙子均匀地滚压，使其与海绵粘牢。

注意，在粘贴反胶时，不要把反胶上的保护纸揭去，以便用磙子进行滚压。如果是粘贴正胶，就直接把胶水适量均匀地抹在胶皮的底面，待微干后再涂抹一次，然后把胶皮粘贴在海绵上。

（5）把先粘贴好的一面海绵和胶皮向下压在平整的玻璃板上，用裁纸刀贴住底板的边缘，对胶皮和海绵进行切割。然后再粘贴球拍另一面，最后再切割这一面粘贴好的胶皮和海绵。

2. 粘贴底板和套胶的方法

第一、第二步同上。第三步把一块套胶粘贴在底板的一面，用磙子滚压后，用裁纸刀进行切割。

（三）剥胶皮

从使用的经济性角度讲，当胶皮使用一段时间后需要更换，可以只换胶皮，而保留原来的海绵。保留原有的海绵也可以避免对新用海绵的不适应。具体方法是：一是加热法。即用电吹风机、电炉等进行加热。当胶皮变得有些烫手时，即可用手从胶皮的边缘开始逐步地撕开。注意，不要使胶皮被烤的过热，胶皮被熔化除了无法剥下来外，对海绵性能也有影响。

三、乒乓球台

（一）乒乓球台的标准与类型

乒乓球台是由两块长方形台桌组成。颜色只能是蓝色或绿色。球台长 2740 毫米，宽1525 毫米，高 760 毫米。球台弹性从离台 300 毫米的地方释放乒乓球，反弹高度在 230~260 毫米。台面摩擦系数<0.6。

目前常用的乒乓球台有三种类型：非滚动式球台；滚动式单折球台；滚动式整体折叠球台。

（二）购买乒乓球台应当注意的问题

台面要符合国家标准中对台面要求的基本规定。在国家标准中对台面的要求很严，大体上可以分为三类：（1）针对台面原材料。球台的弹跳弹性高低和弹性均匀性必然影响技术水平的发挥，标准中设置了弹性和弹性均匀度量来限定台面原材料特性；（2）针对台面外形尺寸，主要有台面边长，两对角线差等几项；（3）针对台面外观。主要有台面上边线、端线和中线的尺寸，边线和端线交汇处漆膜的融合性，台面漆膜的光泽度，摩擦度对乒乓球运动速度和旋转性能的影响等。

在选购球台时首先要注意球台整体稳定性。运动过程中身体难免会与球台接触，球台会发生轻微抖动。如果这种抖动程度过大会影响使用。另外注意球台的安全性。这一要求是相对折叠式球台而言的。球台处于折叠状态下，不应在无外力的情况下自行张开，应该能可靠自锁。乒乓球台一般有折叠式和固定式两种，根据折叠方式的不同有单折式和双折式。一般说来，固定式在安全性、稳定性方面较好。折叠式移动灵活，平时不用不占地方。单折叠式由于将球台分为左右两个不同的部分，折叠时相对容易些，折叠动作可一个人完成。在选购乒乓球台时应掌握以下几个原则：

1. 适用优先原则

对固定式和折叠式而言，如果使用频率高，而且场地是专门用于练球的，考虑选购固定式是合理的；如果场地是多用途的，则应考虑折叠式球台。折叠方式的选择上，由于单折式将球台分为两个独立的部分，调整时会多花费一些时间，但相对而言它的价格会便宜些。

2. 质量检测

检测的标准可以参考前文的技术要求项。打开包装后首先应检查台面是否完好，表面有无划痕，且球台表面不应太光亮。然后可以检测球台的弹性，用一个三星的标准乒乓球从300 毫米的高处落下，反弹高度应该在 230~260 毫米，其中最大值与最小值之差不应大于 5 毫米。实际选购时当然不可能检测出较准确的数值，操作时可以自己感觉，选择反弹比较均匀，反弹高度比较适合的球台。检测台面的外形，看几何尺寸是否符合要求。以上程序完成后再检测稳定性和安全性。在一张安装完毕可以使用的球台的一端加 30 公斤（约一桶水的重量）的水平推力，球台端产生的移动不应该超过 7 毫米。

第二节　比赛场地的布置与要求

一、场地的划分

比赛场地确定之后，应对比赛场地进行划分，根据比赛的需要划分为若干赛区，每个赛区设置一张比赛球台。

（一）划分原则

乒乓球比赛一般采用淘汰赛或循环赛的方式进行。在比赛前期使用球台数量较多，后期较少。因此，赛区划分应根据竞赛委员会或竞赛管理部门对球台设置数量的要求进行，并在比赛不同阶段进行调整。

（二）划分方法

用统一颜色和尺寸的挡板码放在赛场一定的位置上，即可将赛场划分为若干赛区。根据上述挡板的尺寸（高 76 厘米、长 1.4 米），10 块挡板顺序码成一条直线，就是赛区 14 米的长边；5 块挡板顺序码成一条直线，就是赛区 7 米的宽边。因此，30 块挡板即可围成一个赛区。但是，必须注意挡板码成的赛区的长边与宽边要垂直。

二、赛区的布置与要求

（一）比赛区域

球台应安放在赛区的正中，并做到“两对齐”，即球台两个台区的分界线（即球网所在的直线）与赛区边线（赛区 14 米长边）中点对齐、球台的中线与赛区端线（赛区 7 米宽边）中点对齐。比赛区域空间高度不小于 4 米。

（二）灯　光

为了保证电视转播影像清晰，要求照明度为 1500~2500 勒克斯，所有球台的照明度是一样的。如果因电视转播等原因需要增加临时光源，该光源从天花板上方照下来的角度应大于 75 度。比赛区域其它地方的照明度不得低于比赛台面照明度的 1/2，光源距离地面不得少于5 米。场地四周一般应为深颜色，观众席上的照明度应明显低于比赛区域的照明度，要避免耀眼光源和未遮蔽的窗户透过来的自然光。

（三）地　面

地面应为塑胶或经国际乒联批准的品牌和种类的可移动 PVC 塑胶运动地板。乒乓球场塑胶地板具有弹性，没有其它体育项目的标线和标识。地板的颜色不能太浅或反光强烈，可为红色或深红色；不能过量使用油或蜡，以避免打滑。

（四）空气与温度

馆内比赛区域的空气流速控制在 0.2~0.3 米/秒之内，温度为 20~25℃左右。

（五）其他器材

赛区其他器材布置，无论裁判员的座椅，还是副裁判员、计分员和计数员的座椅，都应尽量靠近赛区边线位置放置，确保运动员在比赛中有尽可能多的活动空间。

在重大比赛中，为能使观众更清楚地看到比分，往往增加一至二名场外计分员。因此，还需要设置场外记分员的座位和裁判用桌。

思考题

1. 球拍的性能和乒乓球击球技术质量的关系是什么？
2. 乒乓球拍使用的规则要求是什么？
3. 少年儿童乒乓球学习者在选用球拍时，你有什么样的建议？
4. 如何根据自己技术打法特点，选购合适的底板、海绵和胶皮，并自行粘贴球拍？

推荐阅读文献

1. 岑淮光，王吉生，等. 怎样打好乒乓球[M]. 北京：人民体育出版社，2002.
2. 王吉生. 乒乓球拍探秘[M]. 北京：人民体育出版社，2005.

第三章
乒乓球技术动作

◯教学提示

1. 了解构成乒乓球技术动作体系的基本内容；

2. 理解乒乓球技术动作的基本标准和完成技术动作时需要注意的关键点；

3. 通过乒乓球技术动作学习，为乒乓球技术教学、训练以及比赛任务的实施提供技术动作内容的选择。

乒乓球技术动作是乒乓球运动项目存在的基本形态。乒乓球技术动作的运用在比赛中表现出的是一个整体化的体系。在教学训练或研究的意义上，可以把这个技术动作体系划分为5个方面的内容：（1）基本站位；（2）握拍技术；（3）单一技术；（4）结合技术；（5）步法技术。作为技术动作，它们之间相互关联和相互影响。

第一节　准备姿势

乒乓球准备姿势要求：两脚开立，比肩稍宽，身体重心在两脚之间；两膝微屈，上体略前倾，身体重心略前，两前脚掌受力。下颌稍向内收，两眼注视来球。持拍手自然弯曲，置于身体右侧前方，手腕适当放松，非持拍手自然弯曲置于体侧。（图 3–1~图 3–3）

图 3–1　准备姿势正面

图 3–2　准备姿势侧面

图 3–3　准备姿势背面

第二节　握拍技术

乒乓球握拍包括横握球拍和直握球拍两种类型。在同一类型握拍中，还存在着不同的握拍方法。不同握拍方法与击球动作的完成情况有着密切的关系，握拍方法的不同往往对击球技术动作的质量产生影响。在乒乓球教学训练中发现，击球时技术动作出现的错误，可以经常在握拍方法上找到一些基本的原因。

握拍方法的正确与否，影响着技术动作的合理程度。或者说握拍技术的正确与否，在很大程度上决定着击球动作的合理性。在进行乒乓球技术学习时，一定要注意握拍方法，随意地握拍而不考虑握拍的合理性，不利于正确掌握乒乓球技术动作。

正确的握拍方法，一般应具备以下 4 个要素：

（1）有利于击球动作的正确性、合理性和身体的协调用力；

（2）兼顾正反手技术在交替运用过程中的合理使用；

（3）有利于自己技术特长的发挥；

（4）有利于战术的使用。

一、直握球拍方法

（一）直握球拍的三种方法

用拇指和食指握住球拍拍柄与拍面的结合部位。食指的第三关节内侧贴在拍柄右侧，食指的第二关节压住球拍的右肩，其第一关节自然向内弯曲，拇指的第一关节压住球拍的左肩，其他三指自然弯曲斜形重叠，以中指第一指关节托于球拍背面 1/3 上端。直拍的握法基本分为三种：标准握法（图 3–4）、深握法（图 3–5）和浅握法（图 3–6）。以上三种握法主要是用于左推右攻打法。

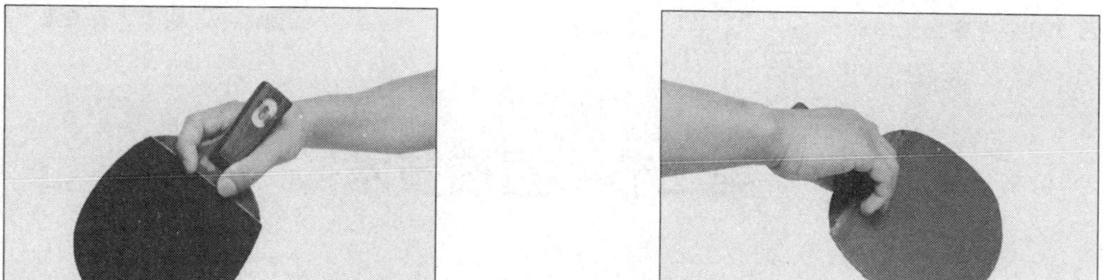

图 3–4　直拍标准握法（正面和反面）

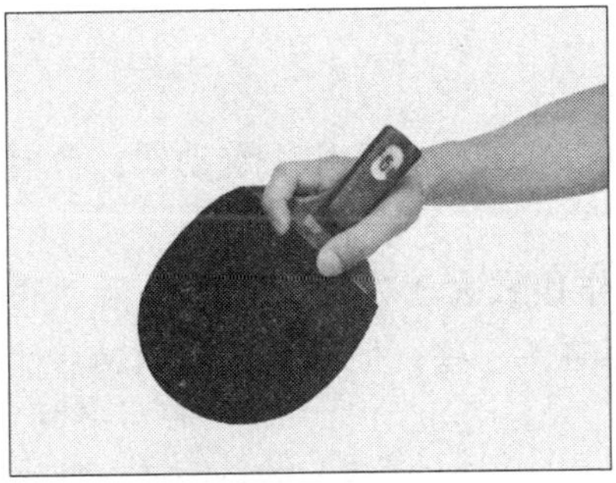

图 3-5 深握法

图 3-6 浅握法

1. 标准握法

是指握拍拇指和食指深浅适宜地握在拍肩的两侧。

2. 深握法

是指握拍的拇指和食指较深地握住拍肩的两侧。

3. 浅握法

是指拇指和食指比较浅地握在拍肩的两侧。

(二) 直拍横打握拍法

直拍横打技术的出现和直拍握拍方法的变化相关。主要表现在拇指握拍时，拇指的位置相对握的比较直，食指握的比较松。中指、无名指和小指的握法已经不是呈现出半环状，以及用中指的第二、第三关节顶住球板；而是用中指和无名指的指端顶住球板。这样的握拍方式，便于用直拍的反面进行击球。（图 3-7~图 3-9）

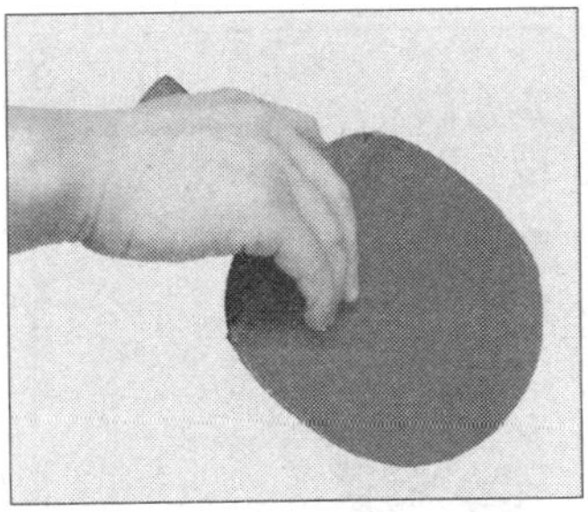

图 3-7 直拍横打握拍法（后面观）

图 3-8 直拍横打握拍法（前面观）

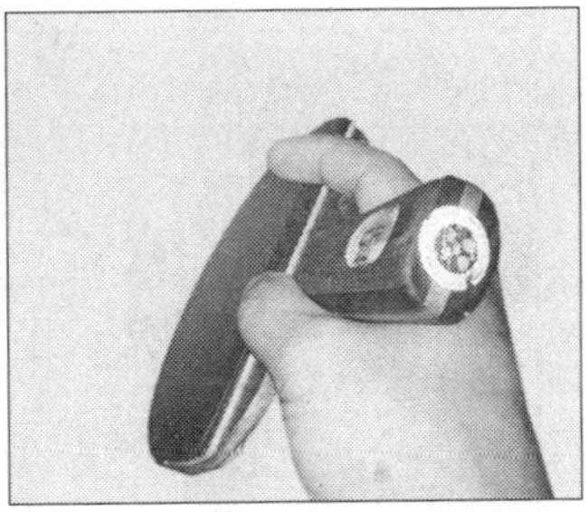

图 3-9 直拍横打握拍法（侧面观）

（三）直握球拍的特点

直握球拍总体上的特点是：手腕比较灵活，可以较充分地运用手腕动作；台内球处理较好；侧身进攻比较灵活。

相对而言，大钳式握法的正手和反手技术动作比较易于发力，手腕灵活性稍差；小钳式握法的正手和反手技术动作在发力方面略差一些，但手腕运用的灵活性大一些。

（四）直握球拍的运用方法

1. 正手攻球时，拇指与中指协调用力控制好拍形，食指放松，中指指尖部顶住拍背面，保证持拍的稳定和发力。（图 3–10）

2. 推挡时，食指和中指协调用力控制拍形，拇指相对放松。（图 3–11）

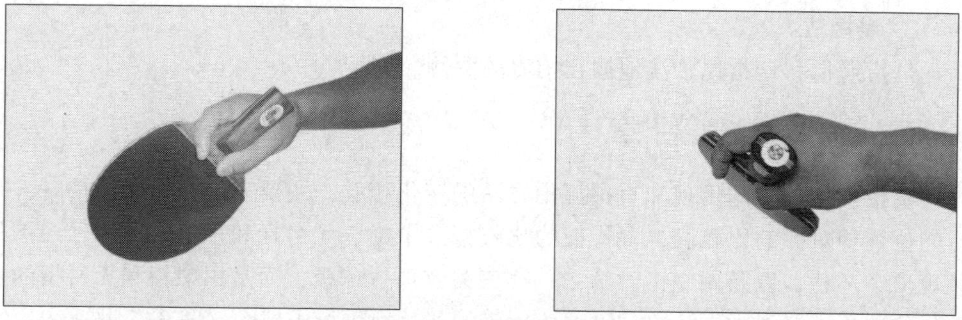

图 3–10　正手攻球时的握拍

图 3–11　推挡时的拍形控制

二、横握球拍方法

（一）横握球拍的三种方法

用中指、无名指和小指自然握住拍柄，拇指在球拍的正面轻贴在中指旁，食指自然伸直斜放于球拍的反手面，虎口正中央贴拍柄正侧面。（图 3–12）

如果虎口稍紧贴拍柄正侧面，可称为深握法。（图 3–13）

如果虎口处稍离开拍柄肩侧，可称为浅握法。（图 3–14）

图 3–12　横拍标准握法

图 3–13　横拍深握法

图 3–14 横拍浅握法

（二）横握球拍的特点

1. 与直握球拍比较，横握球拍方法比较简单，而且动作容易固定，易于发力。但灵活性略差一些。

2. 在横握球拍方法中，深握法的拍形比较容易固定，发力比较容易，但手腕的灵活性相对略差些。浅握法的手腕相对灵活一些，处理台内球较容易，但发力相对略差些。

（三）横握球拍的运用方法

1. 在用正手击球时，一般情况下用食指顶住拍背面，拇指和食指在虎口处适当夹住球拍的拍肩。（图 3–15）

2. 在反手击球时，一般情况下用拇指顶住拍面，拇指和食指在虎口处适当夹住球拍的拍肩。（图 3–16）

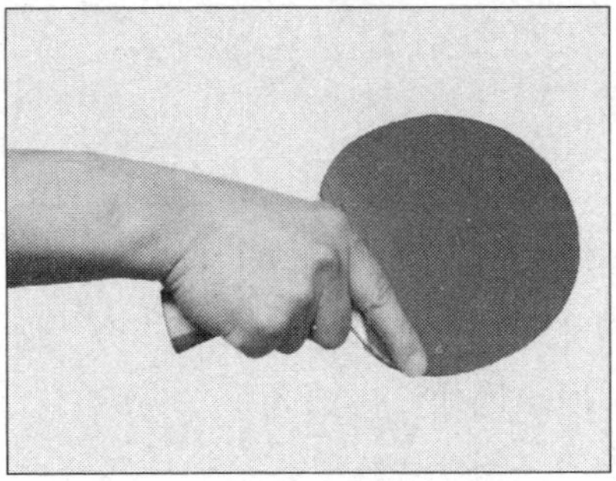

图 3-15　横握球拍（正手击球）

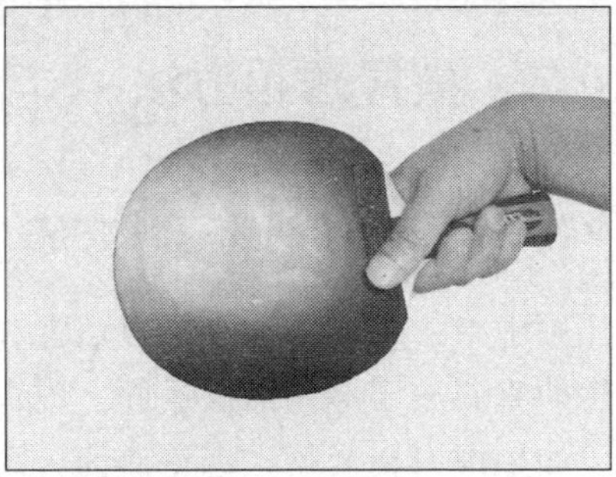

图 3-16　横握球拍（反手击球）

第三节　单一技术

乒乓球单一技术是指一个技术动作。它是构成结合技术的基本单元。一般而言，单一技术质量的高低往往决定着结合技术质量的高低。乒乓球单一技术主要包括：发球技术、搓球技术、推拨技术、攻球技术、挑打技术、反弹技术、弧圈球技术、削球技术和放高球技术。根据单一技术在比赛中的战术作用的不同，可以把攻球技术、挑打技术、反弹技术、弧圈球技术归类为进攻性技术；把搓球技术、推拨技术、削球技术和放高球技术归类为控制性技术。

一、发球技术

发球技术是乒乓球竞赛中唯一不受对方限制的技术。技术的主动性比较强，因此，它就成为了乒乓球竞赛中创造得分机会的主要技术。发球技术从发球技术动作产生的旋转性质上划分，主要有平击发球、奔球、转与不转发球、侧上、侧下旋发球；从发球技术动作的方式划分，主要有正手发球技术、反手发球技术和下蹲发球技术；从抛球的高低上划分，有高抛发球和低抛发球。下面从发球技术动作产生的旋转性质的角度，根据技能学习基本要求，对发球技术动作的标准和发球技术动作学习的关键点进行说明。

（一）平击发球

技术特点：速度比较慢，力量比较轻，技术容易掌握。是发球技术学习的入门技术。

正反手平击发球技术（图 3-17、图 3-18）

（1）技术动作标准

站位：身体离球台约 40 厘米，两脚开立，略宽于肩。

引拍：发球抛球时，向后上方引拍，球拍拍面略前倾。

挥拍击球：球拍向前下方挥动，击球的中部略偏上。

还原：击球后迅速还原。

平击发球

图 3-17　正手发平击球

图 3-18　反手发平击球

(2) 技术动作关键点

抛球和引拍的时机要准确；挥拍击球时有一个略微向前下方向压球的动作；力量不要过大。

(二) 转和不转发球

技术特点：球的旋转反差比较大。在使用旋转变化方面，不转发球的使用是以能够发出比较强烈的下旋转球为前提；在落点方面，往往以发近网短球为主，兼顾长球。

1. 正手转与不转发球（图 3-19）

(1) 技术动作标准

站位：左脚在前右脚在侧后，以便于发挥腰的力量。

引拍：将球垂直地向上抛起。同时球拍向后上方引拍，使拍面后仰，手腕适当外展。腰向后转。

转与不转发球

挥拍击球：以腰带臂后向前下方挥动，触球时，拍面后仰，手腕加力，身体微向前下压，使身体发力充分运用出来。

还原：发球后，挥拍动作尽可能停住，以利于还原。

图 3–19　正手转与不转发球

(2) 技术动作关键点

在拍触球的瞬间，决定转还是不转发球。

发下旋时，用球拍下半部偏前的部分摩擦球的中下部。

发不转球时，用拍的上半部摩擦球的中下部，注意体会球拍“吃不住”球的感觉。

2. 反手转与不转发球（图 3–20）

(1) 技术动作标准

站位：站位近台，重心稍低，持拍手的肩部略低于对侧肩。

引拍：抛球时，持拍手向后上方引拍，拍面后仰，同时身体左侧适当转动，以便于用力。

挥拍击球：球拍向前下方挥动，控制好球拍的角度。保证动作的连贯性和相似性。触球时用力多靠手腕。

还原：控制动作幅度，并注意还原。

图 3-20　反手转与不转发球

(2) 技术动作关键点

发下旋球时，用球拍的前半部去摩擦球的中下部，手腕用力摩擦。

发不转球时，用球拍的后半部去摩擦球的中下部，手腕和前臂有送球的感觉。

(三) 侧上、侧下旋发球

技术特点：球具有混合旋转的性质，易于在旋转和速度方面进行变化组合，是比较常用的发球技术。在旋转变化方面，以侧下旋发球为主，配合侧上旋发球；在速度变化方面，可以把侧上旋发球当作奔球来用。

1. 正手侧上、侧下发球（图 3-21）

(1) 技术动作标准

站位：左脚在前右脚在后，身体侧向球台，降低身体重心。

引拍：引拍时，球拍向上引，同时腰后转，抛球手抬起。

挥拍击球：球拍向前下方挥动，腿和腰腹用力带动手臂，拍触球时，手臂和手腕发力。触击球后，可使手腕做外展的假动作。侧上旋发球的拍面略微立起，在球拍横向挥动中，摩擦球的中部；侧下旋发球的拍面略后仰，在球拍向侧下方挥动中，摩擦球的中下部。

还原：控制结束动作，利于还原。

图 3-21　正手侧上、侧下旋发球

(2) 技术动作关键点

引拍要充分，要发挥身体转动的力量；侧下旋发球时，球拍略后仰，摩擦球的内侧下部；侧上旋发球时球拍略立起，摩擦球的内侧中部；触球时动作尽量一致，发力要集中。

2. 反手侧上、侧下旋发球（图 3-22）

(1) 技术动作标准

站位：两脚平行或右脚稍前。

引拍：抛球时，拍向后上方引，手腕稍外展，同时腰后转，左脚稍抬起，重心移至右脚。球拍适当后仰。

挥拍击球：击球时，以转腰、身体重心向左脚回转带动手臂、手腕发力。发侧上旋球时，击球点在球拍向前下挥转向横侧上方挥动之前；侧下发球时，击球点在球拍向前下挥动开始时。

还原：发球后，迅速还原。

(2) 技术动作关键点

运用好腰的力量；发侧上旋球时，击球点在球拍向前下挥转向横侧上方挥动之前；发侧下旋球时，击球点在球拍向前下挥动开始时。做侧上、侧下旋发球时，击球点的位置要尽可能地接近。

图 3-22　反手侧上、侧下旋发球

侧上、侧下旋发球

（四）下蹲发球

技术特点：发球具有强烈的旋转变化和能够给对方以新异刺激的特点，在比赛的关键时刻使用，在战术上往往有比较好的效果。

下蹲侧旋发球（图 3–23）

(1) 技术动作标准

站位：一般在左半台，在抛球时身体开始下蹲。

引拍：球拍向持拍手侧肩的上方引，引拍线路呈半弧状，球拍略后仰。

挥拍击球：在球下降至头上方时，在挥拍摩擦球时，可以用球拍的两面来摩擦球。可以用球拍内侧来摩擦球的外侧中上、外侧中下部；也可以用球拍的外侧来摩擦球的内侧中下部。

下蹲侧旋发球

(2) 技术动作关键点

发侧下旋球时，击球点是在球拍向前下方挥动转向内侧方变化之后。

发侧上旋球时，击球点是在球拍向横侧方变化之前。

两个动作在击球点上要尽量靠近。

图 3-23　下蹲侧旋发球

二、搓球技术

搓球是在近台还击下旋来球的基本技术，它属于控制性的技术，并为进攻制造机会。

搓球技术包括正手搓球技术、反手搓球技术、摆短技术和晃搓技术。

（一）正手搓球技术

技术特点：是控制对方试图从正手位获得抢攻机会，为自己创造进攻机会的技术。

正手搓球（图 3–24）

（1）技术动作标准

站位：判断来球，选好站位。

引拍：球拍向后上方稍引，球拍稍后仰。

挥拍击球：球拍向前下方挥动，用球拍的下半部摩擦球的中下部。击触球时前臂手腕适当加力，直拍击球时拇指用力明显。

正手搓球

慢搓时，击球的下降期。慢搓是搓球学习的入门技术。快搓时，击球的上升期。快搓是比赛中常用的搓球技术。

还原：随势挥拍动作尽可能短。

（2）技术动作关键点

注意借力发力；身体前迎帮助小臂发力；触球时，手腕快速发力摩擦球。

图 3–24　正手搓球

（二）反手搓球技术

技术特点：动作幅度不大，出手较快。弧线低，落点变化丰富。是下旋控制技术中的基本技术。

反手搓球技术（图 3–25）

(1) 技术动作标准

站位：判断来球，选好站位。

引拍：球拍稍后引至腹前，手腕适当放松。

挥拍击球：挥拍时，拍面后仰，球拍向前下方搓去，击球时手腕发力击球的中下部。直拍击球时，食指略用力。

慢搓时，击球的下降期。

还原：随势挥拍动作尽可能缩短，便于还原。

(2) 技术动作关键点

注意借力发力；摩擦球的力量要集中。

反手搓球

图 3–25　反手搓球

（三）摆短技术

摆短

技术特点：动作小，借力多、出手快，回球短，正手侧身摆短时具有战术的隐蔽性。摆短技术是快搓技术的进一步发展，是回接和控制对方近网下旋短球的有效技术。

1. 正手摆短技术（图 3–26）

（1）技术动作标准

步法移动和选位：判断来球，右脚向前跨步，身体靠近球台。

引拍：球拍向后略引，球拍稍后仰。

挥拍击球：拍向前下侧方挥动，在来球的上升前期，摩擦球的中下部。触球时用手腕适当发力，并控制球在对方球台的近网处。

还原：击球后，退步还原。

图 3–26　正手摆短

(2) 技术动作关键点

步法前跨要及时，保证手臂充分伸进台内；摩擦球的动作要快而小，注意借力用力。

2. 反手摆短技术 (图 3-27)

(1) 技术动作标准

步法移动和选位：判断来球，右脚向前跨步，身体靠近球台。

引拍：球拍向后略引，球拍稍后仰。

挥拍击球：拍向前下侧方挥动，在来球的上升前期，摩擦球的中下部。触球时用手腕适当发力，力量不应太大。并控制球在对方球台的近网处。

还原：击球后，退步还原。

(2) 技术动作关键点

手腕控制击球的力量和弧线；动作要小，借力用力。

图 3-27　反手摆短

三、推拨技术

推挡技术和拨球技术，是直拍和横拍反手的主要技术之一，它们是乒乓球主要的控制与防御技术。推拨技术中主要包括：平挡技术、直拍推挡技术、直拍长胶的磕球技术、横拍拨球技术和横拍长胶球拍的拱球技术。

直拍推挡

（一）直拍推挡技术

直拍推挡(图 3–28)

技术特点：击球速度比较快，控制球的能力比较好，能够为进攻制造机会。

(1) 技术动作标准

站位：判断来球，选好站位，左脚稍前。

引拍：以肩为轴，屈肘向后稍引拍，肘关节靠近胸腹侧。球拍稍前倾，右肩稍沉，拍头向斜下方。

挥拍击球：挥拍向前方偏上方，击球的中部偏上。击球时，肘关节快速展开以便于帮助手腕的发力。

还原：距离要短，还原要快。

(2) 技术动作关键点

肘关节靠近胸腹侧，便于发力；手腕发力动作要准确，不要盲目用力。

图 3–28　直拍推挡

（二）横拍拨球与直拍横拨技术

横拍拨球与直拍横拨（图 3–29）

横拍拨球　　直拍横拨

(1) 技术动作标准

站位：判断来球，选好站位。

引拍：球拍向后下引，肘关节稍前顶，手腕内收，右肩稍沉。

图 3–29　横拍拨球

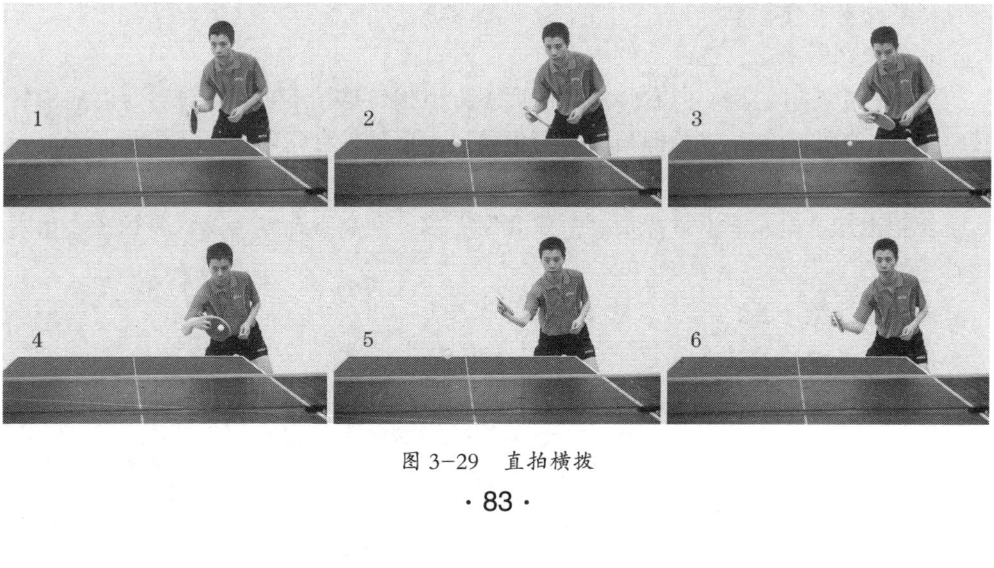

图 3–29　直拍横拨

挥拍击球：球拍以肘关节为轴，向前上方弹出，击球的中上部，触球时发力要集中。

还原：随势挥拍不宜太长，以利于还原。

(2) 技术动作关键点

肘关节略提起，手腕略下垂，直拍更要如此，拇指压拍，以便打开拍面；击球时用前臂和手腕的力量，略用弹击的方式发力。

四、攻球技术

乒乓球攻球技术是指在击球方式上以撞击为主的进攻性技术。它是乒乓球主要得分技术之一。乒乓球攻球技术包括：正手攻球技术、反手攻球技术和正手发力抽球技术。

(一) 正手攻球技术

技术特点：近台攻球的站位离台约 50 厘米，击球点在来球的上升期或高点期，击出球的速度比较快，动作幅度比较小，借对方来球的力量发力。中远台攻球的站位离台约 70~100 厘米，击球点在来球的下降期，击出球的速度比较慢，动作幅度比较大，主要靠自己主动发力。

攻球技术

正手攻球技术（图 3–30）

(1) 技术动作标准

站位：判断来球，选好站位。

引拍：引拍时，重心向右脚移，向后下方引拍，球拍不要低于球台，右肩随转腰略下沉。拍形前倾，直拍握拍手的拇指稍用力压拍，食指略放松，中指、无名指前端顶住球板。

挥拍击球：向左前上方挥拍。击球的中上部，在高点前期击球。身体重心由右脚移至左脚。

还原：注意还原。

(2) 技术动作关键点

引拍动作不要过大，注意运用腰的转动；击球点在身体的侧前方；要主动迎击来球。

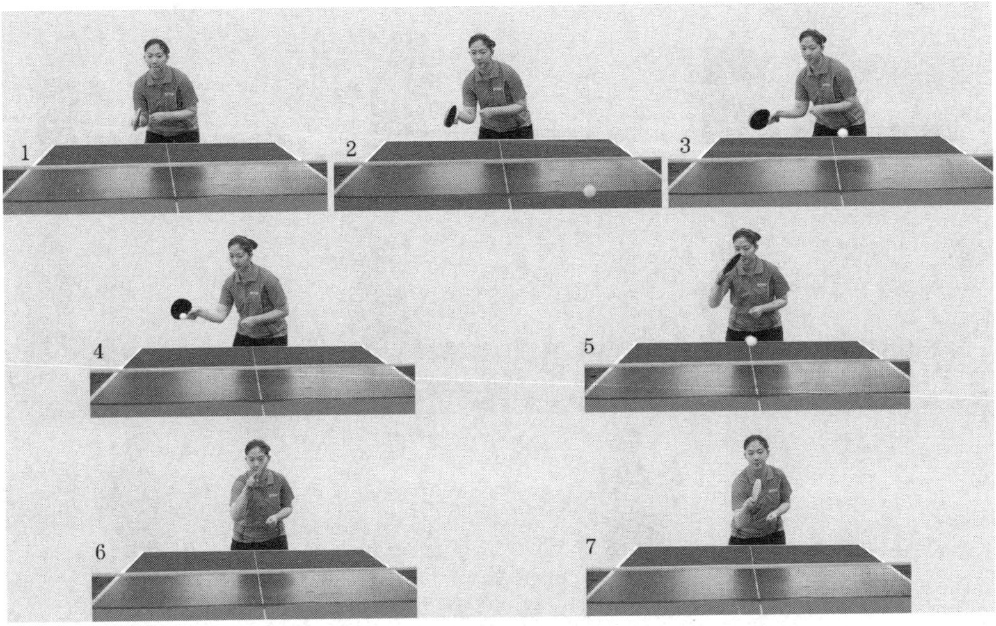

图 3–30　正手攻球

（二）反手攻球技术

技术特点：反手近台攻球的站位离台 40~50 厘米，击球时的出手具有比较强的隐蔽性，突然性强，速度快；反手中远台攻球的站位离台 70~100 厘米，对正手位进攻后回反手位和相持中保持连续进攻有着重要作用。

反手攻球技术（图 3–31）

（1）技术动作标准

站位：靠近球台，右脚略前。

引拍：向后方引拍，转体同时沉右肩，球拍与手臂基本保持在一条线上，肘关节和右肩略前顶。

挥拍击球：球拍略前倾，击球点在体侧前方，挥拍向前上方，转腰时重心转至右脚，击球时发力。

还原：随挥动作要与还原动作结合起来。

（2）技术动作关键点

站位要正确；引拍动作和腰的转动结合起来；注意前臂和手腕的用力。

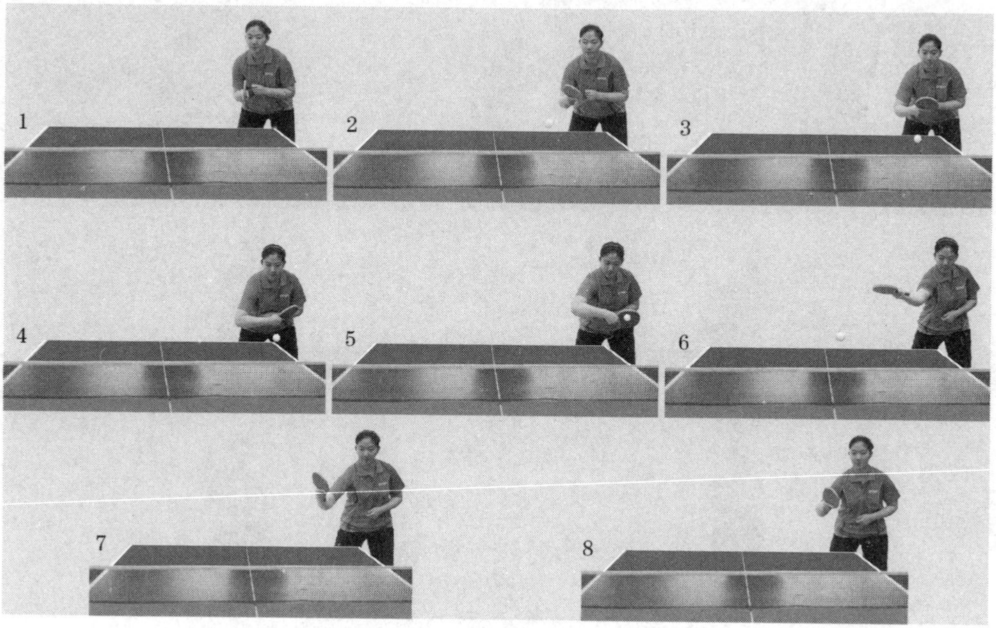

图 3-31　反手攻球

六、弧圈球技术

弧圈球技术是乒乓球技术中比较先进的进攻技术。弧圈球技术的优势，体现在把击球的速度和旋转比较好地结合起来。此技术在处理纷繁复杂的来球时，显得简单有效。它既能作为具有强大杀伤力的进攻技术，有效地得分；也能作为过渡性技术，有效地控制来球，是对付搓球、削球、推挡、发球以及拉球的有效技术。

弧圈球技术主要包括：正手弧圈球技术、反手弧圈球技术、反撕技术和台内侧拧技术。

正手弧圈球技术（图 3-32）

技术特点：正手弧圈球技术的力量大，速度快；与反手弧圈球比较，其技术使用的稳定性比较好，即在进攻时，正手弧圈球在击球的时间和空间方面比较充分，因此，根据来球性质进行球拍调整的机会就多于反手弧圈球技术。正手弧圈球技术是弧圈球技术中最具有威力的进攻性技术。

(1) 技术动作标准

站位：判断来球。确定拉球时间和拉球部位，拉球前身体重心较低。

引拍：球拍向下后引，身体随之向右转动，右肩下沉。重心在右脚上。

挥拍击球：向上方偏前挥拍，拉球点在肘关节收缩至 130~150 度之内时，摩擦球的中上部，并加大摩擦力。身体重心向左迅速移动，身体稍向上抬起，拉球的高点后期。

还原：随势挥拍动作要尽量小，并注意还原。

(2) 技术动作关键点

控制拍面角度，摩擦球的中上部；充分利用腿部蹬伸的力量。

正手弧圈球

图 3-32　正手弧圈球

第四节 步法技术

步法是乒乓球击球环节中的重要组成部分。如果运动员具有良好的步法，能够保持合适的击球位置，那么就能使击球的速度、力量、旋转得到充分的发挥，从而有利于提高击球的技术质量。从合理的击球技术来要求，只要来球落点发生变化，哪怕是微小的变化，也应当相应地移动步法来调整击球位置。在训练中运动员必须养成“以脚带手”的良好习惯，手快脚慢，击球不到位，势必影响击球质量。

步法技术类型包括：单步移动技术、跨步移动技术、并步移动技术、交叉步移动技术和碎步移动技术。

不同类型步法的具体移动方法和范例在单一技术、结合技术中都有介绍。在学习本节内容时，可以和上述内容结合起来学习。

一、单步移动技术

步法

（一）单步移动技术的特点和运用

1. 特　点

移动速度比较快，重心转换比较平稳。它是各种类型打法运动员常用的步法之一。单步移动技术是乒乓球步法移动技术中比较简单而有效的技术。

2. 运　用

一般是在来球离身不远的小范围内运用。运用的具体方法是：

（1）持拍手同侧脚前叉，用正手回击正手位近网短球；

（2）持拍手同侧脚平行迈出，用正手回击正手位的出台球；

（3）持拍手同侧脚向后迈出，用正手回击正手位的底线长球；

（4）持拍手异侧脚向侧前迈出，用正手回击侧身位的来球；

（5）持拍手异侧脚向侧前迈出，用反手回击反手位的近网短球；

（6）持拍手异侧脚平行迈出，用反手回击反手位的出台球；

（7）持拍手异侧脚向后迈出，用反手回击反手位的底线长球。

（二）移动动作标准

1. 启动：以一脚前脚掌内侧用力蹬地，并以此脚掌为轴稍转动。
2. 移动：另一只脚向左、右、前、后不同的方向移动。
3. 支撑：当移步完成时，身体重心也随之落在摆动脚上，同时挥臂击球。
4. 还原：注意还原。

（三）单步移动动作典型范例（图 3-33）

图 3-33　单步移动技术

（四）移动技术关键点

移动时使身体重心向击球方向移动；击球后注意用移动脚的前脚掌内侧蹬地，使身体还原。

二、跨步移动技术（跟步）

（一）跨步移动技术的特点和运用

1. 特　点

跨步简单说就是一脚先跨另一脚后跟。跨步移动幅度比单步大，速度比较快，利于身体还原。

2. 运　用

快攻打法常用此步法来对付离身稍远的来球。跨步由于移动步幅较大，身体重心下降，故多采用借力还击。如要主动发力击球，则不宜采用跨步。跨步常与并步或跳步结合运用。

运用的具体方法是：

(1) 持拍手同侧脚平行跨出，用正手回击正手位的来球；

(2) 持拍手同侧脚向后跨出，用正手回击正手位的底线长球；

(3) 持拍手异侧脚向侧前跨出，用正手回击侧身位的来球；

(4) 持拍手异侧脚向侧前跨出，用反手回击反手位的近网短球；

(5) 持拍手异侧脚平行跨出，用反手回击反手位的出台球；

(6) 持拍手异侧脚向后跨出，用反手回击反手位的底线长球。

（二）移动动作标准

1. 启动：用来球方向的异侧脚前脚掌内侧蹬地。

2. 移动：另一脚向来球的前、后、左、右的不同方向跨出一大步，向来球方向移动时，另一只脚也迅速滑动半步跟过去，然后挥拍击球，身体重心不要起伏过大。

3. 支撑与还原：在移动脚落地时，即可制动，击球后快速还原。

（三）跨步移动动作典型范例（图 3-34）

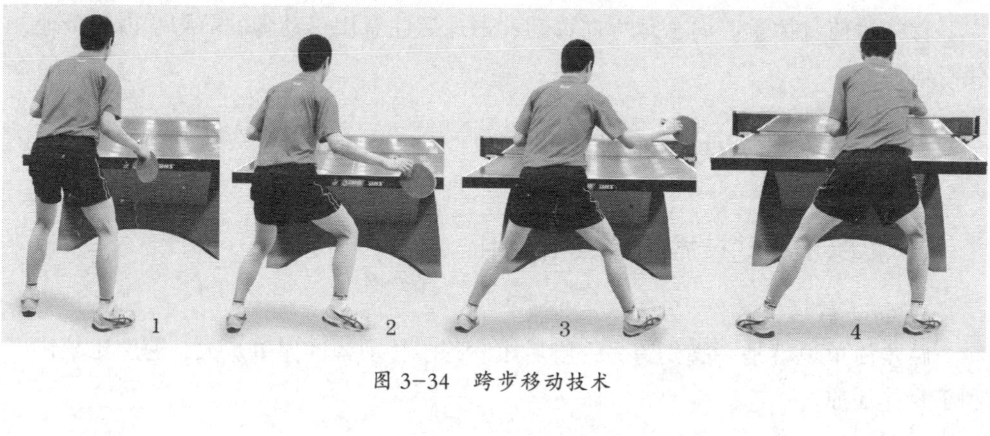

图 3-34　跨步移动技术

（四）移动技术关键点

向击球方向移动时步法不宜跨得过大；另一脚要及时跟进；击球后注意用移动脚的前脚掌内侧蹬地，使身体还原。

三、跳步移动技术

（一）跳步移动技术的特点与运用

1. 特　点

跳步移动的幅度比单步、跨步都大。跳步移动时，常有短暂的腾空时间，这对于保持身体重心的稳定有一定的影响，通常靠膝、踝关节的缓冲来减少重心的起伏。

2. 运　用

跳步是弧圈打法在中台向左、右移动或侧身移动时常用的步法。快攻打法也常用跳步做侧身正手攻。在左右大范围移动时，常把小跳步与跨步、小跳步与交叉步结合起来运用。削球打法运用跳步做左、右移动的比较少，但以小跳步（移动范围很小的跳动或滑动）来调整站位却较普遍。运用的具体方法是：

（1）向正手方向平行跳出，用正手回击正手位的来球；

（2）向正手侧后方向跳出，用正手回击正手位的底线长球；

（3）向反手位侧前方向跳出，用正手回击侧身位的来球；

（4）向反手位方向平行跳出，用反手回击反手位的来球；

（5）向反手位侧后方向跳出，用反手回击反手位的底线长球。

（二）移动动作标准

1. 启动：来球异侧方的脚前脚掌内侧用力蹬地。

2. 移动：两脚同时离地，向左、右、前、后不同的方向移动。

3. 支撑与还原：蹬地用力的脚先落地。当移步完成时，身体重心也随之落在持拍手侧的脚上，同时挥臂击球，注意还原。

（三）跳步移动动作典型范例（图 3-35）

图 3-35　跳步移动技术

(四) 移动技术关键点

移动时要保持使身体重心尽量平稳；击球时机是在持拍手同侧脚落地的同时。

四、并步移动技术

(一) 并步移动技术的特点和运用

1. 特　点

并步就是一脚先并，同时另一脚再跨。并步移动的幅度比单步大但比跳步小。由于并步移动时没有腾空动作，有利于保持身体重心的稳定。

2. 运　用

它是削球打法常用步法之一，快攻或弧圈打法在侧身进攻时，或进攻削球做小范围移动时经常运用。运用的具体方法是：

(1) 向正手方向平行并步移动，用正手回击正手位的来球；

(2) 向正手侧后方向并步移动，用正手回击正手位的底线长球；

(3) 向反手位侧前方向并步移动，用正手回击侧身位的来球；

(4) 向反手位方向平行并步移动，用反手回击反手位的来球；

(5) 向反手位侧后方向并步移动，用反手回击反手位的底线长球。

(二) 移动动作标准

1. 启动：用来球方向的异侧脚前脚掌内侧蹬地。

2. 移动：在发力脚向另一脚并拢的同时，另一脚向来球的前、后、左、右的不同方向跨出一步，身体重心不要起伏过大。

3. 支撑与还原：在持拍手的同侧脚落地时，挥拍击球。脚落地时即可制动，击球后快速还原。

（三）并步移动动作典型范例（图 3-36）

图 3-36　并步移动技术

（四）移动技术关键点

向击球方向移动时，不宜跨得过大；击球后注意用移动脚的前脚掌内侧蹬地，使身体还原。

五、交叉步移动技术

（一）交叉步移动技术的特点和运用

1. 特　点

交叉步移动的幅度比前几种步法都大，它主要是用来对付离身体较远的球。

2. 运　用

快攻或弧圈打法在侧身进攻后扑正手位大角度来球时，或在扑正手位进攻后回反手进攻时常用这种步法。削球打法左、右交叉步移动较少，但做前、后交叉步回接短球或突击球却较多。运用的具体方法是：

（1）向正手方向进行交叉步移动，用正手回击正手位的来球；

（2）向正手侧后方向进行交叉步移动，用正手回击正手位的底线长球；

（3）向反手位侧前方向进行交叉步移动，用正手回击侧身位的来球；

（4）向反手位方向进行交叉步移动，用反手回击反手位的来球；

（5）向反手位侧后方向进行交叉步移动，用反手回击反手位的底线长球。

（二）移动动作标准

1. 启动：来球方向的异侧脚前脚掌内侧蹬地，使身体重心向来球方向移动，并转为来球方向的同侧脚蹬地。同时身体向移动方向转动。

2. 移动：来球方向异侧脚从另一脚的前面跨过，在落地时，挥拍击球。

3. 支撑与还原：在来球方向的异侧脚交叉落地后，另一脚快速移动到外侧支撑进行制动，并快速还原。

（三）交叉步移动动作典型范例（图 3-37）

图 3-37　交叉步移动技术

（四）移动技术关键点

前交叉步的时机要和击球时机结合好；击球后支撑脚的移动要迅速，使身体快速还原。

六、小碎步移动技术

（一）小碎步移动技术特点和运用

1. 特　点

小碎步是一种连接不同步法使用或组合使用的技术。它对身体重心的调节、击球位置的选择、发力方式的选用有着重要作用。

2. 运　用

如果运用单一的步法技术还找不好击球位置时，可以先用小碎步进行调整，以保证步法移动的有效性。

（二）移动动作标准

1. 启动：用两脚前脚掌内侧蹬地。

2. 移动：两脚尽量靠近地面，在身体重心起伏不大的情况下，向左右前后移动。

3. 技术衔接：根据来球情况调整击球位置，以及与不同步法进行结合。

（三）移动技术关键点

根据来球决定是否使用小碎步，注意身体重心的调整。

思考题

1. 如何示范和讲解基本站位、握拍方法？

2. 如何按照教材中的技术动作标准进行示范，在讲解中如何根据学生实际情况抓住动作的关键点？

3. 如何把技术动作构成的5个基本内容与乒乓球技术教学、训练的任务、要求相结合？

推荐阅读文献

1. 唐建军. 乒乓球技术图解[M]. 北京：北京体育大学出版社，2000.

2. 唐建军等. 乒乓球世界明星技术图解[M]. 北京：北京体育大学出版社，2003.

3. 詹晓希. 金泽珠步法组合类型研究及字母标记法的创设与应用. 北京体育大学学报，2002.3.

4. 张博. 乒乓球步法[M]. 北京：人民体育出版社，2003.

5. 唐建军. 新编乒乓球DVD. 齐鲁电子音像出版社，2009.

6. 唐建军. 乒乓球运动教学课件. 北京体育大学音像电子出版社，2010.

7. 唐建军. 学打乒乓球. video.sina.com.cn.

第四章 乒乓球教学

教学提示

1. 了解乒乓球教学的基本原理；
2. 在教学理论指导的基础上，有效地运用乒乓球教学方法；
3. 掌握乒乓球技术动作的分析方法；
4. 学会制定相关的乒乓球教学文件。

乒乓球教学活动是在一定教学制度安排下，有计划地进行乒乓球技术教与学的过程。乒乓球教学是乒乓球运动技术学习活动的基本形式，乒乓球技术及战术的习得，是从乒乓球技术教学活动开始的。乒乓球教学的基本任务是让学生学习和熟练掌握技术动作，学会基本战术运用。

第一节　乒乓球技术动作教学的内容和方法

一、发球技术动作教学顺序与步骤

（一）发球技术动作教学的基本顺序

在发球技术动作的教学过程中，发球技术动作教学的基本顺序是：（1）平击发球；（2）发奔球；（3）发转与不转球；（4）发左（右）侧上（下）旋球；（5）用同一手法发不同旋转的球。当然，在教学中要根据对象的具体情况区别对待，不要强求一律。

（二）发球技术动作教学的基本步骤和注意事项

1. 发球技术动作教学基本步骤

（1）徒手做发球前的准备姿势，模仿抛球及发球的动作。

（2）用多球进行发球练习。

（3）先练习发斜线球，后练习发直线球，先练习发定点球，后练习发不定点球。

（4）练习发各种旋转性能的球。

（5）练习用同一手法发不同旋转和落点的球。

前 3 个步骤，是初学者在开始学习平击发球时，采用的教学步骤。（4）和（5）是完成初学阶段者，在练习各种旋转发球时，采用的练习步骤。

2. 发球技术动作教学中的注意事项

（1）初学阶段，在掌握发球的基本技术动作时，一定要使先进的发球基本技术要领，初步正确和完整地包含在学习的技术动作中，以保证在未来的技术水平提高过程中不走或少走技术上的弯路。

（2）发球意识中，必须养成发球就是要让对方直接失误的意识。敢于发力，强调发力和质量，而不能只要求成功率。

(3) 发球要“精”。每个运动员必须掌握一两种技术精、质量高的特长发球，把它作为比赛中得分的一种重要手段。要防止多而不精的偏向。

(4) 发球要配套。在熟练掌握一两种主要发球的基础上，还要将一些发球方法配合成套，这样效果更好。例如，反手发右侧下旋好，应该与发右侧上旋配合成套；发短球为主，应有急球配合，发急球为主应与短球配套，发斜线好应有直线配合等等。要防止发球单一化以及只重旋转不顾落点变化的偏向。

(5) 发球要善变。发球时应当把旋转、力量和落点很好地结合起来变化运用。发球手法应尽量相似，以加大对方判断来球的难度。

(6) 发球考虑与抢攻结合。必须把发球同发球后的抢攻连贯起来。要熟悉对方回球的规律 (包括旋转和落点变化的规律)，为下一板抢攻作好准备。

(7) 发球要有针对性。发球时必须针对对方的技术水平，优点和缺点，以及站位等情况来决定自己应当运用的发球方法。发球之前要观察一下对手，然后再将球发出。

3. 发球技术动作的比较 (表 4–1)

表 4 – 1　发球技术动作比较

动作名称	准备动作	击球位置	击球部位	发力方法	发力方向
1. 平击发球	球拍后引略向上	腹侧方	中部略偏上	转体 – 挥臂	向前略下方
2. 发奔球	球拍后引略向上	腹侧方	中部略偏上	转体 – 挥臂 – 腕弹	向前略下方
3. 发下旋球	球拍后上引	腹侧方	中下部	转体 – 挥臂 – 腕快摩	前下方
4. 发不转球	球拍后上引	腹侧方	中下部	转体 – 挥臂 – 腕不摩	前下方
5. 发侧上旋球	球拍后上引	腹侧略前方	中左(右)侧	转体 – 挥臂 – 腕快摩	前下侧方
6. 反侧下旋球	球拍后上引	腹侧略前方	中下左(右)侧	转体 – 挥臂 – 腕快摩	前下侧方

4. 发球技术动作一般易犯错误和纠正方法（表 4-2）

表 4-2　发球技术动作一般易犯错误和纠正方法

易犯的技术动作错误	现象	原因	纠正方法
1. 没有将球向上抛起	合力发球	抛球线路控制不好	练习抛球的动作
2. 击球点过高	球易出界	球拍举得过高	降低引拍位置
3. 击球点过低	球易下网	发球时不向后上引拍	提高引拍位置
4. 击球点离身体过远	球不转，没速度	抛球离身体过远	抛球要靠近身体
5. 拍面前倾过多	发不出下旋	害怕击不到球	使球拍拍面后仰
6. 击球时向前力量小	球不过网	引拍向上过多	引拍要向后多一些
7. 发球只用手腕力量	球的旋转不强	注意力在手腕	引拍和挥拍时要用腿和腰的力量
8. 发球只用手臂力量	球的旋转不强	注意力在手臂上	触球时要转手腕

二、接发球技术动作教学顺序与步骤

（一）接发球技术动作教学的基本顺序

接发球技术动作是各种单一技术在接发球上的运用。接发球技术动作教学的基本顺序是：（1）慢搓接、平挡接；（2）快搓接、快推接；（3）摆短接、劈长接；（4）晃接；（5）挑打接和侧拉接；（6）抢冲接。

（二）接发球技术动作教学的基本步骤和注意事项

1. 接发球技术动作教学基本步骤

（1）平挡回接平击发球。

（2）慢搓回接下旋发球。

（3）反手位固定一点到不定点的快搓下旋发球；在反手位的不同落点上推接侧旋、侧上旋球。

（4）摆短接、劈长接、晃接和挑打近网发球。

（5）抢冲接发球。

接发球教学和发球教学常常是结合在一起进行的，教学时一般是从简单的固定旋转、落点开始，然后再进行复杂的、综合性的多种发球和接发球的教学。为了适应比赛的需要，有时也可以模仿对手的发球特点，进行专门的练习。总之，接发球的教学，在方法上既要注意全面性和系统性，又要注意灵活性和实效性。

2. 接发球的注意事项

(1) 站　位

要把对方发过来的球接好，首先必须根据对方发球的位置来决定自己的站位。接发球站位离台的远近可根据自己的习惯打法来决定。为了有利于照顾球台的各个部位，站位不宜过远或过近，一般离台 30~60 厘米。

(2) 判　断

为了识别对方采用哪一类的发球，在比赛中，必须注意他在发球时的挥臂动作和球拍移动方向。一般来说，对方发斜线球时，手臂常会向斜前方用力；对方发直线球时，手臂多由后向前用力；对方发急球时，手臂动作幅度较大；对方发短球时，手臂动作幅度较小。此外，还要全力注意来球落点的变化，迅速移动步法去接球。但对方在发旋转球时，必须注意球拍与球接触瞬间球拍的移动方向。为此，除在理论上要懂得各种旋转球的性能及其作用外，还必须在反复的练习或比赛中逐步去提高观察及判断对方发球的能力，这样才能较好地运用各种不同的回接发球方法。

根据对方发球时摆臂振幅的大小和手腕用力的不同程度来推断来球落点的远近和旋转的强弱。一般来讲，凡是摆臂振幅大的发球，其落点会比较长，比较远，凡是在发球时手腕抖动得比较厉害，其旋转就会比较强。但如果采用假动作去发球，则情况将会有所不同。

根据来球的飞行弧线和速度来判断球的旋转性能。如果来球飞行弧度较高，球速快，落台后有一定的冲力，一般属上旋球或不转球，反之，来球飞行弧度低，球速慢，冲力小，则为下旋球。

在遇到使用长胶与反贴胶皮相结合的两面不同性能球拍的对手时，可以听对方球拍击球的声音。一般来讲，击球声音较响的一面是长胶，声音不太响的一面是反胶。

3. 接发球技术动作的比较（表 4–3）

表 4 –3　接发球技术动作比较

动作名称	准备动作	击球时间	击球部位	发力方法	发力方向
1. 平挡接	拍后引	高点期	中略上	体前迎 – 伸臂 – 腕挡	前略上
2. 慢搓接	拍略后上引	下降后期	中下	体前迎 – 伸臂 – 腕摩	前下
3. 快搓接	拍略后上引	上升后期	中下	体前迎 – 伸臂 – 腕摩	前下
4. 快推接	拍后引	上升后期	中略上	体前迎 – 伸臂 – 腕击	前略上
5. 摆短接	拍几乎不引	上升前期	中下	体前迎 – 伸臂 – 腕快摩	前下
6. 劈长接	拍略后上引	上升期	中下	体前迎 – 伸臂 – 腕发力摩	前下
7. 晃接	拍几乎不引	上升期	中下	体前迎 – 伸臂 – 腕快摩	前侧
8. 挑打接	拍略下引	上升后期	中略上	转前迎 – 收臂 – 腕快摩打	前上
9. 侧拉接	拍头下垂	上升前期	中上	体前顶 – 顶肘 – 抖腕摩擦	前上
10. 抢冲接	拍后下引	所有	中上、中或中下	转体 – 收臂 – 腕快摩	前上

4. 接发球技术动作一般易犯错误和纠正方法（表 4–4）

表 4 –4　接发球技术动作一般易犯错误和纠正方法

易犯的技术动作错误	现象	原因	纠正方法
1. 搓接拍面后仰	回球高或出界	对来球的下旋估计过高	拍面立起一些
2. 搓接拍面前倾	回球下网	对来球的下旋估计过低	拍面后仰一些
3. 推接侧旋拍形错误	回球从球台两侧出界	对来球的侧旋估计不够	拍面做左右调整
4. 摆短接拍形错误	回球或高或长	对来球的旋转估计不够	拍面做调整
5. 劈长撞击过多	回球下网	缺乏对摩擦发力方法的体会	撞击与摩擦结合
6. 晃接动作单一	类似于正手搓球	拍形触球前后变化不明显	触球前后要变化拍形
7. 挑打动作僵硬	击球出界或下网	手腕和前臂肌肉过于紧张	肌肉放松在高点期击球
8. 侧拉肘腕发力不够	击球下网或出界	拍头下垂不够缺乏发力空间	手腕放松，顶肘发力
9. 抢冲发力不充分	失误或质量低	击球点的选择不好	提高步法选位速度

三、推挡（拨）技术动作教学顺序与步骤

（一）推挡（拨）技术动作教学的基本顺序

推挡技术动作教学的基本顺序是：（1）平挡（拨）；（2）快推（快拨）；（3）发力推(发力拨)；（4）减力挡；（5）推下旋；（6）推挤（侧切）；（7）反手弹打。

（二）推挡（拨）技术动作教学基本步骤和注意事项

1. 推挡（拨）技术动作教学的基本步骤

（1）做徒手的挡（拨）球或推挡（快拨）球的模仿动作，体会动作要点。

（2）用反手对墙做挡（拨）球练习。

（3）两人在台上对练挡（拨）球。不限落点，只要求动作正确并能击球过网。

（4）两人在球台中线上练挡（拨）技术动作，再练挡（拨）斜线，要求逐渐加力。主要是让练习者体会前臂和手腕的推挡（拨）动作。

（5）两人在台上作反手推挡（快拨）斜线练习，逐渐加快速度，体会快推（快拨）技术动作。

（6）一人逐渐加力推（发力拨），另一人用均匀力量推挡。二人轮换。

（7）两人用发力推（发力拨）。

（8）一人用均匀力量推挡（快拨），另一人在推挡（快拨）中结合下旋推。

（9）一人用均匀力量拉球，另一人在推挡（快拨）中结合推推挤（侧切）。

（10）推挡（快拨）与进攻技术结合的练习：

①一人攻（拉）球，打上升期，另一人推挡（快拨）、发力推（发力拨）。然后轮换。

②一人攻（拉）球，打上升期，另一人作加力推（拨）结合减力挡的练习。然后轮换。

③左推（拨）右攻（拉）的结合练习。

④推（拨）–侧–扑练习。

2. 推挡（拨）技术动作教学的注意事项

(1) 初学阶段，在掌握推挡（拨）球的基本技术动作时，一定要使先进的推挡（拨）球基本技术要领，初步正确和完整地包含在学习的技术动作中，以保证在未来的技术水平提高过程中不走或少走技术上的弯路。

(2) 准备挡球（快）时，不要挺胸、挺腹，两脚不要并拢，两膝在推挡（快拨）时不要伸直。

(3) 推挡时，肘关节应贴近身体，击球点在胸腹前，以便前臂向前发力。

(4) 快拨时，肘关节应略向前顶，击球点也在胸腹前，以便于击球时前臂向前发力。

(5) 推挡时，应食指用力，拇指放松，手臂的前推或后引动作幅度不宜太大，以免影响回收速度。

(6) 发力推、减力挡、推下旋、推挤时，要注意击球时机、引拍与发力方向。

(7) 弹打时肘关节要注意提起和前顶，手腕略微外展。

(8) 在推拨技术使用中，注意用身体重心的移动和前顶，来增加击球时的力量。

3. 推挡球技术动作比较（表 4–5）

表 4－5　推挡球技术动作比较

技术动作名称	准备动作	击球时间	击球部位	发力方法与方向
1. 挡球	球拍移至来球路线	高点期	中部	臂前伸，动作向前上
2. 快推	肘关节靠近身体	上升后期	中上部	前臂前推并配合手腕外旋
3. 加力推	小臂后收	高点期	中上部	转体帮助前臂前伸
4. 减力挡	几乎不引拍	上升期	中部	拍触球时，前臂稍向后收
5. 推下旋	臂后收稍向上引拍	上升后期	中上部	拍面略后仰，前臂向前下方用力
6. 推挤	臂后收稍向侧引拍	上升后期	中外侧部	拍面侧向来球，向侧前方推
7. 反手弹打	肘关节略前顶	高点期	中部	以肘关节为轴，弹打发力

4. 推挡技术动作一般易犯错误和纠正方法（表 4–6）

表 4 –6　推挡技术动作一般易犯错误和纠正方法

易犯的技术动作错误	现象	原因	纠正方法
1. 挡球时拍形掌握不好	球不过网或出界	对来球的落点判断不准	通过多练提高判断能力，加强手腕调节拍形的能力
2. 推挡时拍形前倾过大	球不过网	出手位置偏低	球拍稍立，击球的高点期
3. 推挡时击球时间过早	球不过网	出手过快	在高点期击球
4. 推挡时拍形前倾不够	球出界	拇指压拍	用食指压拍
5. 发力推肘关节离开身体	发力不集中	发力点没固定	上臂和肘关节靠近身体
6. 减力档动作过于僵硬	控制不住球	击球时机过早或晚	手腕放松，上升期借力击球
7. 推下旋球拍后仰	球出界	拇指压拍过多	使拍形立起，向前下方发力
8. 推挤压拍不够	球出界	食指压拍和向侧用力不够	球拍略前倾，上升期侧击球
9. 弹打击时手腕不稳	失误多	手腕固定不好	在手腕控制中发力弹

5. 拨球技术动作比较（表 4–7）

表 4 –7　拨球技术动作比较

技术动作名称	准备动作	击球时间	击球部位	发力方法与方向
1. 拨	球拍置于腹前	高点期	中偏上	以肘关节为发力轴，向前上方
2. 快拨	球拍置于腹前	上升后期	中上	以肘关节为发力轴，向前上方
3. 侧切	拍置于腹前，肘靠身体	上升期	侧中	上臂侧向来球，轻发力
4. 反手弹	拍置于腹前，肘前顶	上升期	中上	以肘关节为发力轴，弹击发力

6. 拨球技术动作一般易犯错误和纠正方法（表4–8）

表4－8　拨球技术动作一般易犯错误和纠正方法

易犯的技术动作错误	现象	原因	纠正方法
1. 拨球像推挡动作	击球力量和速度差	没有顶肘	肘的位置应在体侧略前方
2. 拍头翘起	球易下网	手腕没有放松下垂	抬高肘关节的位置并垂腕
3. 在体侧击球	发不出力	与直拍反手攻动作混同	强化在腹前击球的动作概念
4. 侧切只用手腕	控制不住球	没有用前臂力量进行控制	把前臂和手腕用力结合起来
5. 弹打发不出力	类似于拨球	没有顶肘和弹腕动作	在顶肘基础上用腕弹击发力

四、搓球技术动作的教学顺序与步骤

（一）搓球技术动作教学的基本顺序

搓球技术动作教学的基本顺序是：（1）慢搓；（2）快搓；（3）摆短；（4）搓长。

（二）搓球技术动作教学的基本步骤和注意事项

1. 搓球技术动作教学基本步骤

（1）用球拍进行摩擦球的练习。

（2）徒手做搓球动作（正反手的徒手动作）。

（3）自己向球台抛球，弹起后将球用正反手搓过网。

（4）一个人发下旋球，一个人进行正反手的慢搓或快搓练习。

（5）两个人进行正反手的对搓练习（可以慢搓或快搓）。

（6）一个人反手慢搓或快搓，一个人进行正反手的摆短或搓长练习。

（7）固定球路正手和反手结合搓球练习。

（8）两个人相互进行正反手的摆短或搓长练习。

（9）正反手搓转与不转的球。

（10）搓球和攻球结合练习。

2. 搓球技术动作教学注意事项

(1) 初学阶段，在掌握搓球的基本技术动作时，一定要使先进的搓球基本技术要领，初步正确和完整地包含在学习的技术动作中，以保证在未来的技术水平提高过程中不走或少走技术上的弯路。

(2) 搓球动作不宜太大，要充分利用前臂和手腕转动的力量。

(3) 搓转球时，要使球拍从后上往前下摩擦球，搓不转球时，要使球拍多碰击球，或使用球拍的上缘部位摩擦球。与其它动作要力求相似。

(4) 注意正手和反手搓球在动作上的细小差别。

3. 搓球技术动作比较（表 4–9）

表 4 –9　搓球技术动作比较

技术动作名称	准备动作	击球时间	击球部位	发力方法与方向
1. 慢搓	拍稍上引并略后仰	下降期	中下部	前臂向前下方挥拍,手腕完成用力
2. 快搓	拍稍后上引	上升期	中下部	前臂向前下方用力,手腕完成用力
3. 摆短	拍几乎不引	上升前期	中下部	前臂向前下方用力,手腕控制落点
4. 搓长	拍稍后上引	上升期	中下部	前臂向前下方用力,手腕加力送球

4. 搓球技术动作一般易犯错误和纠正方法（表 4–10）

表 4 –10　搓球技术动作一般易犯错误和纠正方法

易犯的技术动作错误	现象	原因	纠正方法
1. 球拍没上引,击球时前臂由后上向前下动作不明显	球下旋力不强	担心击不到球	正确的搓球徒手模仿练习
2. 击球时,球面后仰不够	球出界或下网	对来球旋转判断有误	练习用慢搓接对方发来的下旋球,体会拍面后仰前送的动作
3. 击球时,球拍与球接触的部位不准	球不过网	拍没有对准来球	做对搓练习,体会拍面与击球的关系
4. 击球后,前臂前送不够	球不过网	击球点偏前	二人慢搓练习,使击球点后移一些,体会击球后前臂前送的动作

五、攻球技术动作的教学顺序与步骤

（一）攻球技术动作教学的基本顺序

攻球技术动作教学的基本顺序是：（1）近台攻球；（2）中远台攻球；（3）扣杀球。

（二）攻球技术动作教学的基本步骤和注意事项

1. 攻球技术动作教学基本步骤

(1) 徒手练习

①根据正反手攻球的技术要求，先徒手模仿练习，体会挥臂、腰部扭转和重心交换等动作要领。

②在原地徒手练习的基础上，结合步法移动做正反手攻球的徒手练习。

(2) 单个动作练习

规定一人发球一人练习攻球。打一板球后再重新发球。

(3) 攻推挡练习

①一人挡球，一人练习正（反）手攻球。

要求：先轻攻，待动作基本掌握后可以用中等力量攻。待稍熟练后，再练发力攻或快攻。

②一人推挡，一人练习正（反）手攻球。

要求：先练攻斜线，再练攻直线；在二分之一球台范围内攻球或在三分之二球台范围内攻球。推挡球的落点在规定范围内有所变化，攻球者要在走动中练习攻球。

③两点攻一点。

要求：对方把球推到攻球者两点（左、中或中、右，或左、右），而攻球者在左右移动中将球击到对方一点。练习时可先有规律，角度变化小一点。然后逐渐增加难度。

④一点攻两点。攻球者从一点将球攻至对方两点。练习时，可以先有规律地攻两点，后变为无规律地攻两点。

(4) 正手对攻练习

①正手对攻斜线。

②正手对攻中路。

③侧身正手对攻斜线。

④把以上三条对攻线路连贯起来，两人在左右连续移动中对攻。

⑤两直对两斜的对攻。一人在左右移动中专打直线，另一人在左右移动中专攻斜线。

2. 攻球技术动作教学注意事项

(1) 初学阶段，在掌握攻球的基本技术动作时，一定要使先进的攻球基本技术要领，初步正确和完整地包含在学习的技术动作中，以保证在未来的技术水平提高过程中不走或少走技术上的弯路。

(2) 在教学过程中，要遵守循序渐进的原则。攻球内容很丰富，学习时应先学正手攻球再学反手攻球，先慢打再快打，先轻再重，先稳再凶，由浅入深，逐步掌握。

(3) 要特别注意多在走动中练习攻球，注意死球活练，结合实战。

(4) 重点技术要经常练，反复练，做到精益求精。

3. 攻球技术动作比较（表 4-11~表 4-13）

表 4-11　正手攻球技术动作比较

技术动作名称	准备动作	击球时间	击球部位	发力方法与方向
1. 正手近台快攻	引拍距离短	上升期	中上部	肩与前臂发力为主，手腕控制弧线，向前上方挥拍
2. 正手中远台攻	向后引拍幅度较大	高点后期	中、中下部	身体带动前臂发力，手腕控制弧线，向前上方挥拍
3. 正手扣杀球	增大向后引拍距离，拍略高于台面	高点期前后	中上部	充分发挥身体的力量，腰部力量配合手臂的发力

表 4－12　直拍反手攻球技术动作比较

技术动作名称	准备动作	击球时间	击球部位	发力方法与方向
1. 反手近台攻	转腰带臂引拍短	上升期	中上部	转腰，以前臂向前上方发力为主
2. 反手中远台攻	转腰带臂引拍较长	高点或后期	中、中下部	转腰作用增大，协助前臂向前上发力
3. 反手扣杀	肘关节前顶，引拍位略高	高点期前后	中上部	转腰作用增大，协助前臂向前上发力

表 4－13　横拍反手攻球技术动作比较

技术动作名称	准备动作	击球时间	击球部位	发力方法与方向
1. 反手近台攻	微转腰带臂后引拍	上升期	中上部	以前臂向前上方发力为主
2. 反手中远台攻	转腰带臂引拍较长，肘关节前顶	高点或后期	中、中下部	转腰作用增大，协助前臂向前上发力
3. 反手扣杀	肘关节前顶，引拍位略高	高点期前后	中上部	转腰作用增大，协助前臂向前上发力

4. 攻球技术动作一般易犯错误和纠正方法

表 4－14　攻球技术动作一般易犯错误和纠正方法

易犯的技术动作错误	现象	原因	纠正方法
1. 正手攻球手腕下垂	动作僵硬、发不出力	握拍不正确	手腕略微上提，做徒手模仿练习
2. 正手攻球手腕上翘	动作僵硬、发不出力	握拍不正确	手腕略微放下，做徒手模仿练习
3. 正手攻球抬肘关节	动作僵硬、发不出力	食指过于用力	食指放松，肘关节下垂做徒手练习
4. 直拍反手攻像推挡	击球位置让不开	拍没引到体侧，没有转腰动作	把拍放在体侧，通过转腰引拍
5. 横拍反手攻像直拍	击球点偏后外侧	套用直拍反手攻	把击球点放在腹前
6. 判断球的落点不准，引拍动作不到位	击不准球	对来球的观察不够	用多球进行练习，强化对来球落点的判断

六、弧圈球技术动作的教学顺序与步骤

（一）弧圈球技术动作教学的基本顺序

弧圈球技术动作教学的基本顺序是：（1）正（反）手拉加转弧圈；（2）正（反）手拉前冲弧圈。

（二）弧圈球技术动作教学的基本步骤和注意事项

1. 弧圈球技术动作教学基本步骤

（1）徒手模仿正反手的拉弧圈球动作。

（2）一人发出台的下旋球，另一人练习拉正反手加转弧圈球。主要是体会击球时摩擦和撞击球的手上感觉，以及拍形和击球部位。要求动作准确，要多摩擦球。

（3）同上练习。要求体会击球手法与挥拍、转体等动作的协调配合，练习前冲弧圈球技术动作。

（4）一人推挡，另一人练习连续正反手拉加转弧圈球或前冲弧圈球。

（5）二人对搓。固定一人搓中拉正反手加转或前冲弧圈球。

（6）一人削球，另一人练习正反手连续拉加转或前冲弧圈球。

（7）同上练习，规定向固定落点拉正反手加转或前冲弧圈球，以提高击球动作的准确性。

（8）练习中要求推挡、搓球或削球一方要不断变化落点，以提高在移动中连续拉正反手前冲弧圈球的能力。

（9）结合其他技术练习拉正反手弧圈球，如发球抢拉、接发球抢拉、拉攻中结合弧圈球、拉弧圈球结合扣杀等。

2. 弧圈球技术动作教学基本步骤注意事项

（1）初学阶段，在掌握弧圈球的基本技术动作时，一定要使先进的弧圈球基本技术要领，初步正确和完整地包含在学习的技术动作中，以保证在未来的技术水平提高过程中不走或少走技术上的弯路。

（2）练习弧圈球时，要充分做好肩部和腰部的准备活动，以免受伤。

（3）要注意把上臂、手腕，腰及腿的力量集中使用在击球一刹那，以加大摩擦球的力量。拉球结束后，手臂要迅速放松，及时还原，作好下一次击球的准备。

（4）准备击球时，拍面角度不宜太小，否则容易拉空或拉在球拍边上。

3. 弧圈球技术动作的比较（表 4–15，表 4–16）

表 4 –15　正手弧圈球技术动作比较

技术动作名称	准备动作	击球时间	击球部位	发力方法与方向
1. 加转弧圈球	拍后引位置比较低，在身体的外下侧	下降期	中部	转体和挥臂，触球时前臂要快收，手腕加力摩擦，由后下向上略前用力
2. 前冲弧圈球	拍后引位置略高，在身体的外侧	上升后期	中上部	转体和挥臂，触球时前臂要快收，手腕加力摩打，由后下向前上用力

表 4 –16　反手弧圈球技术动作比较

技术动作名称	准备动作	击球时间	击球部位	发力方法与方向
1. 加转弧圈球	拍后引位置比较低,在两腿之间	下降期	中部	身体和手臂由后下向上略前用力,触球时,以肘关节为轴前臂发力,手腕加力摩擦
2. 前冲弧圈球	拍后引位置略高，在下腹部	上升后期	中上部	身体和手臂由后下向前上用力,触球时,以肘关节为肘前臂发力,手腕加力摩打

第二节　击球技术的观察分析和错误动作的纠正

一、击球技术观察分析的基本程序

在教学过程中，教师掌握观察分析乒乓球击球技术结构的方法，对提高教学质量具有重要意义。王家正等（1997）认为，在学生按照教师布置的教学内容进行练习时，教师可以通过观察学生完成技术动作环节的情况，发现存在的问题，指出错误动作并分析产生错误的主要原因，提出改进动作的方法，再让学生进行练习。观察和分析动作的程序如下（图 4–1）：

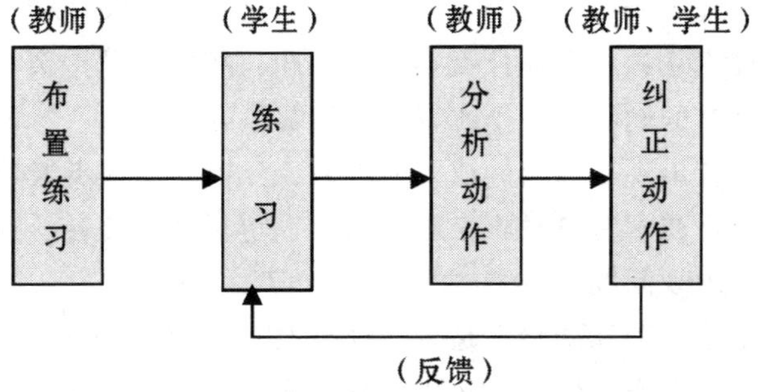

图 4-1　观察和分析击球技术基本程序

二、击球技术观察分析的基本方法

教师观察和分析击球技术结构时，根据练习者击球技术的击球结果，即从乒乓球的飞行弧线——弧线过高、过长和击球出界，或弧线过低、过短和击球下网，球的旋转——是转或不转，球的力量——是发出了力量还是没有，球的速度——是快是慢，球的线路和落点等，进行击球技术各个结构的进一步分析。

分析的经验性方法，就是把击球技术结构进行分解，即把击球技术结构分解为两个部分：（1）判断来球；（2）击球动作结构。在实际练习和比赛中，击球技术是统一的和连续完成的，它们相互联系，相互影响，形成一个整体性结构。击球动作是这个结构的核心，判断来球是为了完成一个合理有效的击球动作。这个结构存在于任何技术动作中。（图 4-2）

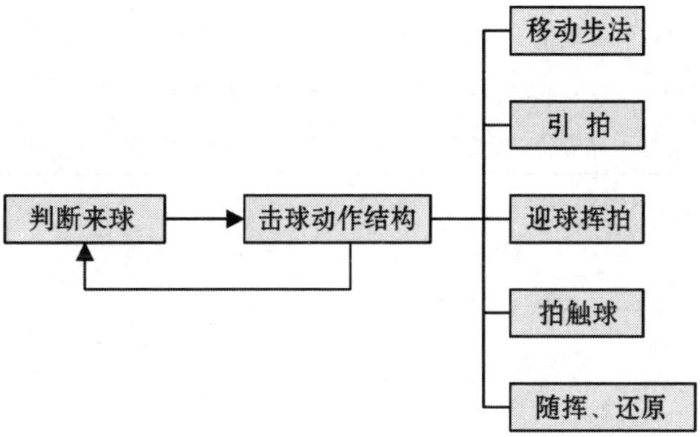

图 4-2　击球技术结构关系示意图

如果进行击球技术分析，可以在教学现场通过对击球技术结构中每一个部分的分析，发现击球技术结构中存在什么类型的问题，哪个问题是牵一发而动全身的关键性问题，并对存在问题给出一个比较合理的解决方案。

比如：对初学者出现击球出界或下网现象，分析的基本步骤是：

第一步，要分析初学者对对方来球的性质，包括球的旋转、速度，力量和落点等在判断上有没有出现问题。

第二步，在步法移动和调整上是否合理有效。

第三步，在击球动作结构上，运用的是什么样的击球动作。即在击球动作结构方面找出存在问题，从引拍，迎球挥拍、球拍触球，随势挥拍和还原这些结构的细节中发现问题。其中应着重观察和分析引拍位置、击球时间、部位、拍形和发力方法等（表 4–17）。同时，在分析中，还必须注意，学习者技术动作存在的问题往往有体能、心理方面的成因。事实上，技术动作结构的观察和分析，是通过练习者的技术动作表现出的问题，来寻找技术上、体能上、心理上以及战术上的原因。由于技能学习过程中，存在着明显的个体性差异，因此，要注意处理好标准化技术动作要领和个人技术特点的关系，原则上以个人的技术特点不影响技术的提高为处理这一关系的基本点。

表 4 – 17　影响正手前冲弧圈球技术的击球技术结构方面诸因素示例

击球结果	判断	步法	引拍位置	挥拍			触球		随挥和还原
				方向	速度	发力方法	拍形	摩擦与撞击	
球出界	有误	不到位	过低	过上	较慢	协调用力不好	没压	—	—
球下网	有误	不到位	过高	过前	—	协调用力不好	过压	没摩擦撞多	—
上旋弱	—	—	—	—	较慢	协调用力不好		摩擦少撞多	—
连续冲失误	有误	不到位	没变化	—	—	协调用力不好	控制差	打摩调整不好	不充分

三、错误技术动作的纠正

在教学活动中，错误技术动作的纠正，不仅包括技术动作结构方面的内容，还包括体能和心理等方面的内容。在纠正错误技术动作时，不能只看到技术动作结构一方面，而忽视体能和心理方面的成因。

1. 技术上的原因

技术概念不清，没有掌握动作要领。存在着错误动作的干扰，缺乏对技术的综合分析能力。

解决办法：采用各种针对性教法改进教学，提高讲解和示范的质量，加强技术动作各细节的练习。

2. 体能上的原因

身体素质差，协调性差，技术水平起点低，球感差等。

解决办法：加强身体素质的练习，加强基本技术各细节的分析，调整练习的难度等。

3. 心理上的原因

学生学习目的不端正，凭兴趣出发，只喜欢打比赛，对练习基本动作不感兴趣，注意力不集中，怕枯燥，遇到困难时有畏难情绪等。

解决办法：加强教育，注意练习中的配对，增进互相帮助，改进教学方法，加强心理训练。

在纠正错误动作的过程中，教师应注意以下几个问题：

第一，在教学过程中采取预防措施，在讲解和示范时应让学生知道可能出现的某些错误，使学生注意力集中在正确的动作想象上，随时注意改进动作，并相应地调节动作的难度和创造改进动作的条件，尽量减少错误的出现。

第二，当错误动作形成后，应区别主要和次要，关键和一般，形式和实质，集中精力先抓住主要错误，有的放矢，对症下药，解决实质性问题，其它一般问题就可迎刃而解。

第三，纠正错误动作时，对学生要耐心细致，循循善诱，热情帮助，把纠正错误动作和学习掌握正确动作有机地结合起来，使学生边学边改。

思考题

1. 运用技术动作理论中速度–准确性关系或反应时与动作决定关系，做一个乒乓球技术动作学习的观察报告。

2. 在教学课中，进行一次以技术动作分析为主的教学实践活动。

3. 编写一份以乒乓球初学者为对象的教案。

推荐阅读文献

1. 吴焕群，等. 乒乓长盛的训练学探索[M]. 北京：北京体育大学出版社，2002.

2. 张英波. 动作学习与控制[M]. 北京：北京体育大学出版社，2003.

3. 温国昌. 乒乓球教学与训练[M]. 郑州：河南教育出版社，1986.

4. 唐建军. 新编乒乓球DVD. 济南：齐鲁音像出版社，2009.

5. 唐建军. 乒乓球教学课件. 北京：北京体育大学音像电子出版社，2010.

6. 唐建军. 学打乒乓球. video.sina.com.cn.

第五章
乒乓球比赛规则

教学提示

1. 学习重点为乒乓球竞赛规则的主要内容。

2. 学习难点为裁判的临场操作程序以及乒乓球竞赛的组织方法。

3. 建议广大学生在学习的同时结合比赛进行实践。

竞赛规则是伴随着乒乓球运动的兴起而产生的，并随着乒乓球运动的发展而不断地完善，在整个运动的发展过程中以其特有的方式规定和影响着乒乓球运动的发展方向。近年来为了提高乒乓球运动的观赏性，适应网络时代的要求，国际乒联对乒乓球运动进行了一系列的改革，并通过竞赛规则反映出来，包括38毫米乒乓球改为40毫米乒乓球、21分改为11分、无遮挡发球、禁用有机胶水等等重大举措，这在某种程度上影响着一些球员的运动生命，同时也说明竞赛规则在运动项目发展中的重要性。通过本章的学习了解乒乓球竞赛规则的主要内容、单打裁判和双打裁判的临场操作程序以及乒乓球竞赛的组织方法，掌握乒乓球的比赛规则和竞赛组织方法。

一、乒乓球比赛的物质条件

（一）球　台

球台的上层表面，叫比赛台面。比赛台面应为与水平面平行的长方形，包括球台上面的边缘，不包括上面边缘以下的侧面。长 2.74 米，宽 1.525 米，离地高 76 厘米，沿每个 2.74 米的比赛台面边缘各有一条 2 厘米宽的白线，叫边线。沿每个 1.525 米的比赛台面边缘各有一条 2 厘米宽的白线，叫端线。一条与边线平行将球台划分为两个相等“半区”的 3 毫米宽的白线，叫中线。（图 5–1）

比赛台面由一个与端线平行的、与比赛台面垂直的球网将比赛台面划分为两个相等的台区，各台区的整个面积应是一个整体。

双打时，各台区应由一条 3 毫米宽的白色中线，划分为两个相等的“半区”。中线与边线平行，并应视为右半区的一部分。

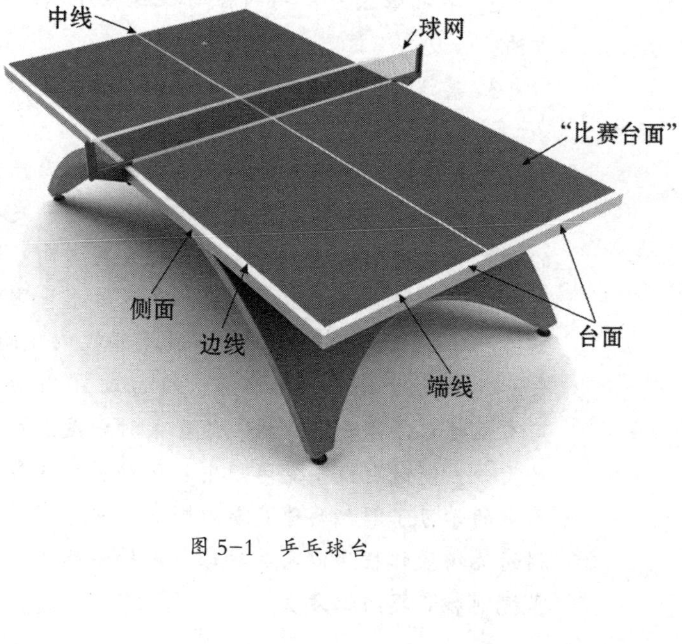

图 5–1　乒乓球台

（二）球网装置

包括球网、悬网绳、网柱及将其固定在球台上的夹钳部分。整个球网的顶端距离比赛台面 15.25 厘米。整个球网的底边应尽量靠近比赛台面，其两端应尽量贴近网柱。（图 5-2）

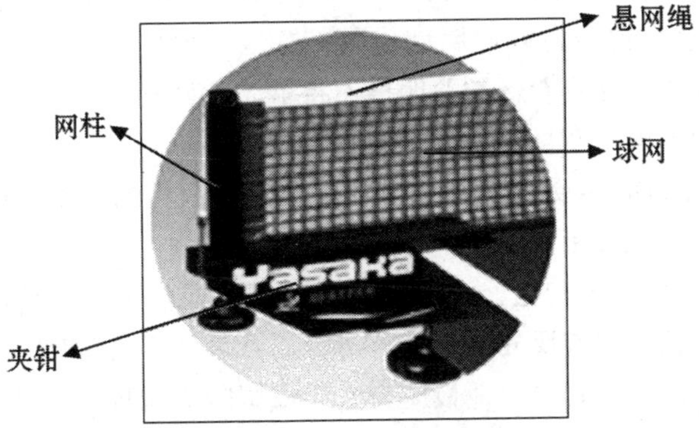

图 5-2　球网装置

（三）球

应用赛璐珞或类似的塑料制成，呈白色或橙色，且无光泽。球应为圆球体，直径为 40 毫米，重量为 2.7 克。

（四）球　拍

球拍的大小、形状和重量不限，但底板应平整、坚硬，用来击球的拍面或用一层颗粒向外的普通颗粒胶覆盖，连同粘合剂，厚度不超过 2 毫米；或用颗粒向内或向外的海绵胶覆盖，连同粘合剂，厚度不超过 4 毫米。海绵胶是指一层泡沫橡胶上覆盖一层普通颗粒胶，普通颗粒胶的厚度不超过 2 毫米。

球拍两面不论是否有覆盖物，必须无光泽，且一面为鲜红色，另一面为黑色，拍身边缘上的包边应无光泽，不得呈白色。比赛开始时及比赛过程中运动员需要更换球拍时，必须向对方和裁判员展示他将要使用的球拍，并允许他们检查。由于意外的损坏、磨损或退色，造成拍面的整体性和颜色的一致性出现轻微的差异，只要未明显改变拍面的性能，可以允许使用。

（五）比赛的条件

1. 赛区空间应不少于 14 米长、7 米宽、5 米高；赛区应由 75 厘米高的颜色相同的深色挡板围起，并与相邻的赛区及观众隔开；残疾人轮椅组的比赛场地不得小于 8 米长、6 米宽、5 米高。

2. 在世界锦标赛和奥林匹克比赛中，从比赛台区高度测得的照明度不得低于 1000 勒克斯，且整个比赛台区照明度均匀，赛区其他地方的照明度不得低于 500 勒克斯；其他比赛中，比赛台区的照明度不得低于 600 勒克斯，且整个比赛照明度均匀，赛区其他地方的照明度不得低于 400 勒克斯。

3. 使用多张球台时照明水平应是一致的，比赛大厅的背景照明不得高于比赛区域的最低照明度；光源距离地面不得少于 5 米。

4. 场地四周一般应为暗色，不应有明亮光源，或从未加掩盖的窗户等透过的日光；地板不能颜色太浅或反光强烈或打滑，而且表面不得为砖、水泥或石头；在世界锦标赛和奥林匹克比赛中，地板应为木质或国际乒联批准的某品牌和种类的可移动塑料地板。

5. 比赛条件的可接受性应由裁判长最后决定，但通常是裁判员首先意识到可能存在的缺陷，尤其是那些开赛后才出现的缺陷，因此裁判员必须熟悉有关规则、规程，以便能及时向裁判长报告他无权纠正的任何缺陷。

二、乒乓球比赛规则中的基本概念

（一）定　义

1. 回合：球处于比赛状态的一段时间。

2. 比赛状态：从球被抛起前静止状态的最后一瞬间起，球即处于比赛状态，直到这个回合被判为重发球或得 1 分。

3. 重发球：不予判分的回合。

4. 1 分：判分的回合。

5. 执拍手：正握着球拍的手。

6. 不执拍手：未握着球拍的手。

7. 击球：用握在手中的球拍或执拍手手腕以下部分触球。

8. 阻挡：对方击球后，在比赛台面上方或向比赛台面方向运动的球，在没有触及本方台区、也未越过端线之前即触及本方运动员或其穿戴（带）的任何物品。

9. 发球员：在一个回合中，首先击球的运动员。

10. 接发球员：在一个回合中，第二个击球的运动员。

11. 裁判员：被指定管理一场比赛的人。

12. 副裁判员：被指定在某些方面协助裁判员工作的人。

13. 运动员“穿或戴（带）”的任何物品：包括他在一个回合开始时穿或戴（带）的任何物品，但不包括比赛用球。

14. “越过或绕过”球网装置：除球从球网和比赛台面之间通过以及从球网和网架之间通过的情况外，球均应视作已“越过或绕过”球网装置。（图 5-3）

图 5-3　越过绕过球网装置

15. 球台的“端线”：包括端线两端的无限延长线。

（二）合法发球

1. 发球开始时，球自然地置于不执拍手的手掌上，手掌张开，保持静止。（图 5-4，图 5-5）

2. 发球员须用手把球几乎垂直地向上抛起，不得使球旋转，并使球在离开不执拍手的手掌之后上升不少于 16 厘米，球下降到被击出前不能碰到任何物体。（图 5-6）

3. 当球从抛起的最高点下降时，发球员方可击球，使球首先触及本方台区，然后越过或绕过球网装置，再触及接发球员的台区。在双打中，球应先后触及发球员和接发球员的右半区。（图 5-7）

4. 从发球开始，到球被击出，球要始终在比赛台面的水平面以上和发球员的端线以外；而且不能被发球员或其双打同伴的身体或他们所穿戴（带）的任何物品挡住。

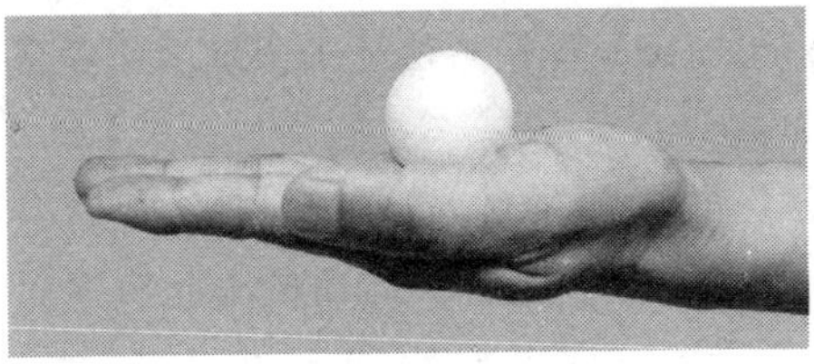

图 5-4　合法发球

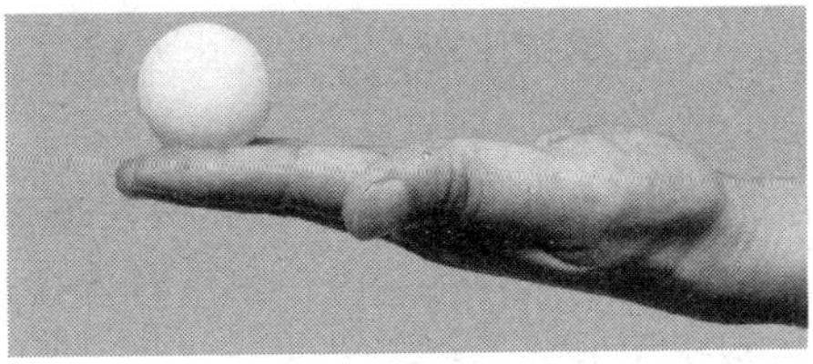

图 5-5　发球犯规

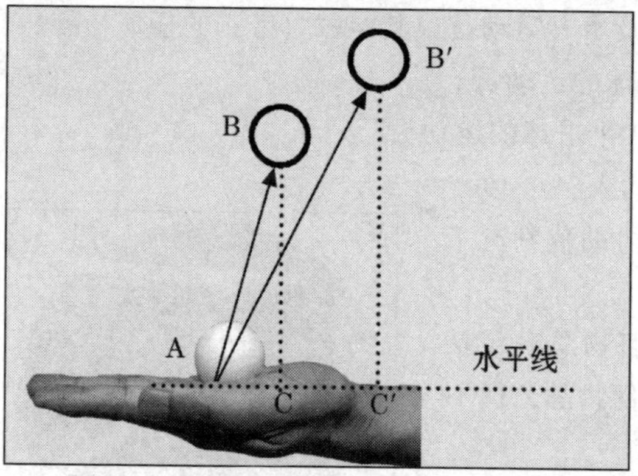

图 5-6　抛球高度及垂直度

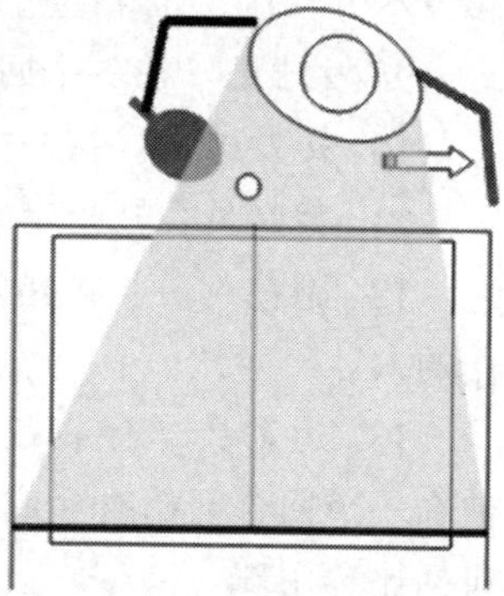

图 5-7　三角区域示意图

5. 运动员发球时，应让裁判员或助理裁判员看清他是否按照合法发球的规定发球。

（1）裁判员或副裁判员对运动员发球是否合法有怀疑，在一场比赛中第一次出现时将进行警告，判重发球不罚分。

（2）在同一场比赛中，如果该运动员或其双打同伴发球动作的合法性再次受到怀疑，不论是否出于同样的原因，均判接发球方得 1 分。

（3）无论是否是第一次或任何时候，只要发球员明显没有按照合法发球的规定发球，接发球方将被判得 1 分，无须警告。

6. 运动员因身体原因而不能严格遵守合法发球的某些规定时，可由裁判员做出决定免于执行。

（三）合法还击

对方发球或还击后，本方运动员必须击球，使球直接越过或绕过球网装置，或触及球网装置后，再触及对方台区。

（四）比赛次序

1. 在单打比赛中，首先由发球员合法发球，再由接发球员合法还击，然后两者交替合法还击。

2. 在双打比赛中，首先由发球员合法发球，再由接发球员合法还击，然后由发球员的同伴合法还击，再由接发球员的同伴合法还击，此后，运动员按此次序轮流合法还击。

三、乒乓球比赛的胜负机制

（一）重发球

回合出现下列情况应判重发球：

1. 如果发球员发出的球，在越过或绕过球网装置时，触及球网装置，此后成为合法发球或被接发球员或其同伴阻挡。

2. 如果接发球员或同伴未准备好时，球已发出，而且接发球员或其同伴均没有企图击球。

3. 由于发生了运动员无法控制的干扰，而使运动员未能合法发球、合法还击或遵守规则。

4. 裁判员或副裁判员可以在下列情况下暂停比赛：（1）由于要纠正发球、接发球次序或方位错误；（2）由于要实行轮换发球法；（3）由于警告或处罚运动员；（4）由于比赛环境受到干扰，以致该回合结果有可能受到影响。

5. 双打比赛中，运动员错发或错接。

（二）得1分

除被判重发球的回合，下列情况运动员得1分：

1. 对方运动员未能合法发球；

2. 对方运动员未能合法击球；

3. 合法发球或合法还击后，对方运动员在击球前，球触及了除球网装置以外的任何物体；

4. 对方运动员击出的球已越过本方端线或比赛台面，且始终没有触及本方台区；

5. 对方阻挡；

6. 对方故意连击；

7. 对方运动员用不符合规定的拍面击球；

8. 对方运动员或其穿戴（带）的任何物品使球台移动；

9. 对方运动员或其穿戴（带）的任何物品触及球网装置；

10. 对方运动员不执拍手触及比赛台面；

11. 双打比赛中，对方运动员击球次序错误；

12. 实行轮换发球法时，接发球方连续十三次合法还击，包括接发球。

（三）一局比赛

在一局比赛中，先得 11 分的一方为胜方。10 平后，先多得 2 分的一方为胜方。

（四）一场比赛

一场比赛应由奇数局组成。

四、双打裁判知识

（一）发球区的规定

双打比赛中，发球员发球时必须使发出的球先落在本方球台的右半区，然后直接越过或绕过球网触及对方球台的右半区。中线应视为右半区的一部分。发球错区判发球方失 1 分。

（二）发球次序的规定

1. 抽签后，确定发球方、接发球方。在比赛开始前，裁判员要让发球方确定谁先发球，然后让接发球方确定谁先接发球。因此，接发球方可以根据对方发球员选择合适的队员为接球员。此外，由于发球区的限制，双打中发球威力减小，所以在双打比赛时，中签的一方一般选择接发球较为有利。双方确定了发球员和接球员后，就可以排出第一局的发球次序。如果有甲、乙两对运动员进行双打比赛，甲队由 A、B 两名队员组成，乙队由 X、Y 组成；假如 A 先发球，X 先接发球，那么，在此局中发球、接发球的次序为 A 发 X 接→X 发 B 接→B 发 Y 接→Y 发 A 接，依此类推直到此局结束。顺序如下：

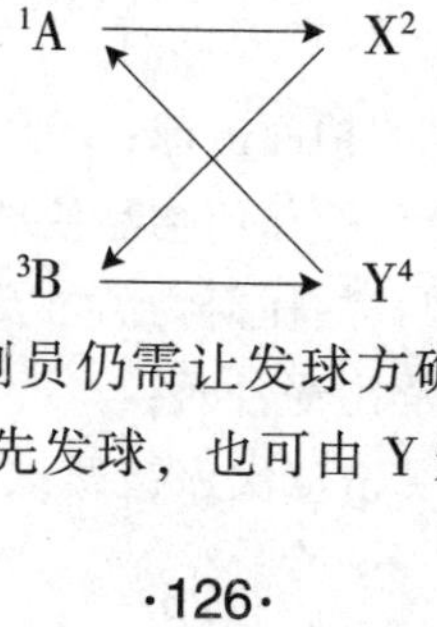

2. 第二局比赛开始时，裁判员仍需让发球方确定第一发球员。如上例，第二局乙队 X、Y 两名队员，可由 X 先发球，也可由 Y 先发球，当发球方确定以后，甲

队接发球的运动员必须是第一局发球给本局发球员的运动员。因此，第二局可能是：

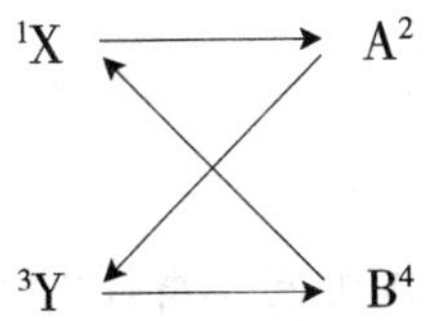

或

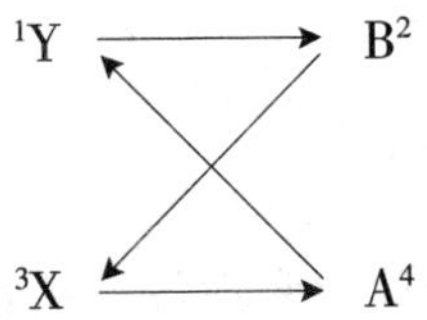

3. 第三局比赛开始时，裁判员仍需让发球方确定第一发球员。如上例，第三局甲队 A、B 两名队员，可由 A 先发球，也可由 B 先发球，当发球方确定以后，乙队接发球的运动员必须是第二局发球给本局发球员的运动员。因此，第三局可能是：

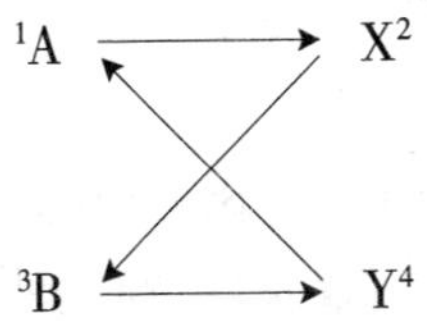

或

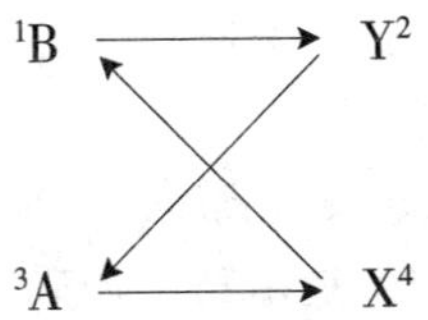

依此类推，决胜局有一方比分先达 5 时，在交换方位的同时必须交换接发球员，此时裁判员必须清楚下一球哪位运动员是发球员，然后根据记录调整接发球员，使比赛发球、接发球次序与双数局相同。

(1) 若决胜局比赛开始时 A 发球

如比分在 5:0 时交换方位，应为 B 发 X 接；

如比分在 5:1 或 5:2 时交换方位，应为 Y 发 B 接；

如比分在 5:3 或 5:4 时交换方位，应为 A 发 Y 接。

(2) 若决胜局比赛开始时 B 发球

如比分在 5:0 时交换方位，应为 A 发 Y 接；

如比分在 5:1 或 5:2 时交换方位，应为 X 发 A 接；

如比分在 5:3 或 5:4 时交换方位，应为 B 发 X 接。

4. 在长期的裁判实践中，裁判员们摸索了一种只要记住了发球员，利用运动员的某一特征很容易找到接发球员的方法，这就是利用“顺向”和“逆向”寻找接发球员的方法，具体方法是：

(1) 先将双方运动员，用同一种区分法把同队的两个运动员区分开，如 A 高 B 矮、X 高Y 矮，或 A 胖 B 瘦、X 胖 Y 瘦。在混合双打中，则用 A 男 B 女、X 男 Y 女来区分。

(2) 根据第一局比赛开始时确定的发球次序，以男、女混合双打为例，若 A 男

B女、X男Y女，如果发球次序是：

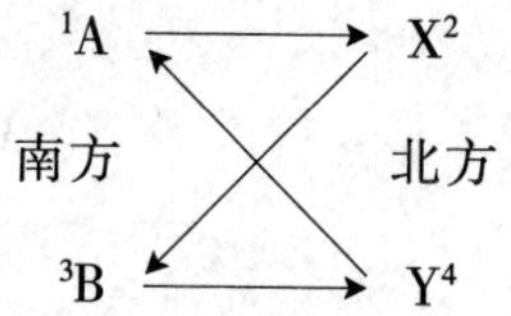

则AB方发球，必须是男发男接，女发女接，这种同一特征的人接发球，叫做“顺向”。而XY方发球，必须是男发女接，这种不同特征的人接发球，叫做“逆向”。反之，如果发球次序为：

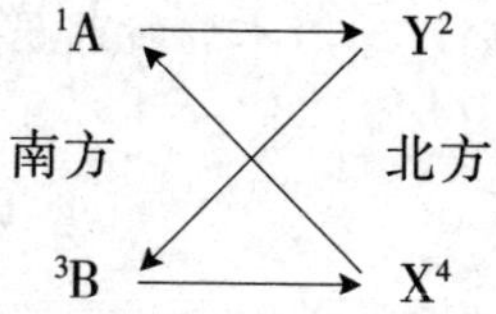

则AB方发球是“逆向”，而XY方发球是“顺向”。比赛中哪一方为“顺向”，哪一方为“逆向”，是由第一局确定第一发球员和第一接发球员时而定，决不能理解为某一方一定是“逆向”或“顺向”。

如果第一局的发球顺序为前一种，第二局比赛开始时交换方位后XY转到南方，AB转到北方，发球的次序可能是：

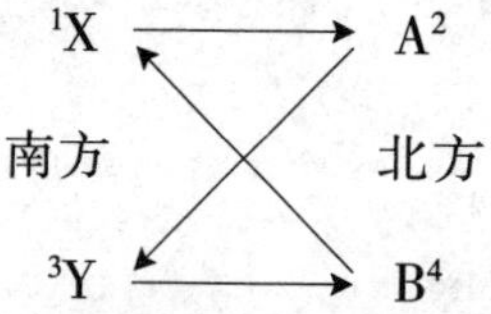

或

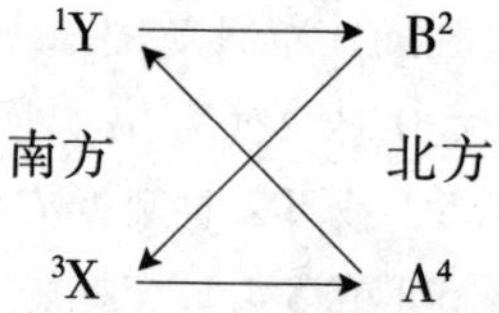

则XY方发球时为“顺向”，AB方发球时为“逆向”。由此可知，第一局定了顺、逆向之后，站在南方的队发球时总是“顺向”，站在北方的队发球时总是“逆向”。这样根据方位来判断发球员的方法较容易，只要不发生交换方位错误，就很容易知道发球的顺序。此外，由于裁判员临场时一般都要选择备用球，并将其放在自己上衣首先发球一方的口袋中，第一局比赛开始确定发球次序后，如果从有球一方发出的球为“顺向”，则整场比赛从有球一方发出的球均为“顺向”。

(3) 在确定了顺、逆向之后，在比赛中无论发生什么样的情况，只要能准确地确定发球员，就可以准确地确定接发球员。例如：第一局确定了第一发球和第一接发员之后，发球次序是：

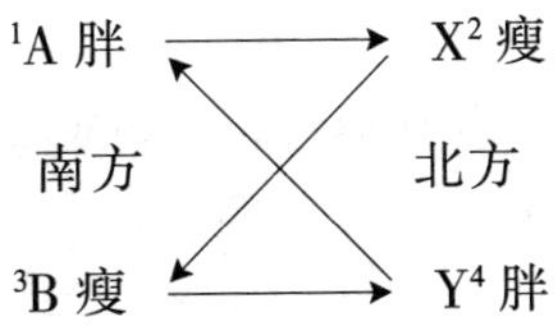

在第二局轮到 Y 发球时，由于这时 XY 放在南方应为“逆向”，Y 胖必须是 B 瘦接发球。

（三）击球次序的规定

参加双打的两名运动员必须轮流每人击球一次，一人连续击球两次失 1 分。

（四）双打判罚的规定

参加双打比赛的两名运动员在执行规则时应被视为一方运动员，对其中任何一名运动员的警告和判罚都应被视为对这一方运动员的警告和判罚；但两名运动员的球拍不能互换。

五、团体比赛

（一）团体比赛的形式

1. 五场三胜制的团体比赛（五场单打）

一个队由 3 名队员组成。比赛顺序是：

1. A—X
2. B—Y
3. C—Z
4. A—Y
5. B—X

2. 五场三胜制的团体比赛（四场单打和一场双打）

一个队由 2、3 或 4 名队员组成。比赛顺序是：

1. A—X
2. B—Y
3. 双打
4. A—Y

5. B—X

3. 七场四胜制的团体比赛（六场单打和一场双打）

一个队由 3、4 或 5 名队员组成。比赛顺序是：

1. A—X
2. B—Y
3. C—Z
4. 双打
5. A—Y
6. C—X
7. B—Z

4. 九场五胜制的团体比赛（九场单打）

一个队由 3 名队员组成。比赛顺序是：

1. A—X
2. B—Y
3. C—Z
4. B—X
5. A—Z
6. C—Y
7. B—Z
8. C—X
9. A—Y

（二）团体比赛程序

1. 所有出场运动员应出自团体报名表。

2. 团体比赛前由抽签的中签者优先选择 A、B、C 或 X、Y、Z。由队长提交给裁判长或其代理人该队名单，并对每一名单打运动员确定一个字母所代表的相应位置。

3. 双打比赛的配对不必立即提交，可在前两场单打比赛结束时提交。

4. 需要连场的运动员有资格在连场的比赛之间有最多 5 分钟的休息。

5. 当一个队赢得足够多数场次时，为一次团体比赛结束。

（三）团体比赛记分表（以五场三胜制为例）

表 5－1　团体赛记分表

项目：

日期	场次号	阶段	轮次	组别	时间	台号

场次	协会		协会		每局成绩					结果	备注
					1	2	3	4	5		
1	A		X								
2	B		Y								
3	C		Z								
4	A		Y								
5	B		X								

比赛结果__________________　　获胜队__________________

胜方队长签名______________

负方队长签名______________

裁判员签名________________　　裁判长签名______________

竞赛地点__________________

思考题

1. 一场单打比赛，裁判员要做哪些工作？主要职责是什么？
2. 什么是合法发球？
3. 什么是轮换发球法？在什么情况下使用？
4. 如何管理一场比赛？
5. 请列举一场比赛中“失一分”的情况？
6. 临场裁判员应携带的“牌”有什么？每种“牌”应如何使用？
7. 请设想出三种以上临场疑难情况，并与同学共同讨论裁判的处理方法。
8. 规则中对双打的补充规定是什么？
9. 如何计算循环赛名次？
10. 如何组织一次乒乓球竞赛？
11. 规则中对于残疾人比赛的特殊规定是什么？

推荐阅读文献

1. 唐建军等. 乒乓球教程[M]. 北京：北京体育大学出版社，2005.6.
2. 中国乒乓球协会. 乒乓球竞赛规则（当年） [M]. 北京：人民体育出版社.
3. 乒乓世界编辑部. 乒乓世界[J]. 中国体育报业总社.
4. 张瑛秋. 乒乓球规则入门导读[M]. 北京：北京体育大学出版社，2006.2.
5. 刘丰德等. 乒乓球[M]. 北京：高等教育出版社，2011.4.